Weronika Zmiejewski
Zwischen Tadschikistan und Moskau

ANOR
Central Asian Studies

———

Herausgegeben von
Ingeborg Baldauf

Band 20

Weronika Zmiejewski

Zwischen Tadschikistan und Moskau

Erfahrungswege junger Arbeitsmigranten

DE GRUYTER

Edition Klaus Schwarz

ISBN 978-3-11-066868-1
e-ISBN (PDF) 978-3-11-066893-3
e-ISBN (EPUB) 978-3-11-066907-7

Library of Congress Control Number: 2019953181

Bibliografische Information der Deutschen Nationalbibliothek
Die Deutsche Nationalbibliothek verzeichnet diese Publikation in der Deutschen Nationalbibliografie; detaillierte bibliografische Daten sind im Internet über http://dnb.dnb.de abrufbar.

© 2020 Walter de Gruyter GmbH, Berlin/Boston
Druck und Bindung: CPI Books GmbH, Leck

www.degruyter.com

Inhalt

Danksagung

In einem Moskauer Außenbezirk lernte ich Saodat zufällig an einem kleinen Gemüsestand eines Supermarktes kennen. Sie lud mich ein, hinter den Gemüsestand zu treten. Diese Einladung war meine erste Begegnung mit der Migrationswelt der zentralasiatischen ArbeitsmigrantInnen in Moskau, denn erst dort, zwei Meter weiter, erlebte ich die von ständigen Schwierigkeiten begleitete Alltagsrealität der MigrantInnen. Hinter diesem kleinen Stand verbrachte ich nicht nur Stunden in Gesprächen mit Saodat, sondern ich durfte dort auch Interviews mit tadschikischen Neuankömmlingen und bereits etablierten ArbeitsmigrantInnen durchführen und gelegentlich russische KundInnen bedienen. Bewundernswert und unvergesslich bleibt für mich, dass Saodat, wie alle meine InformantInnen, ihren Humor und ihre Warmherzigkeit trotz oder auch wegen der Schwierigkeiten des Migrationslebens nicht verloren haben. Ich möchte auf diesem Weg meinen Dank an Saodat und alle meine Interviewpartner und Interviewpartnerinnen in Tadschikistan und Russland ausdrücken, die mir ihre Zeit und ihr Vertrauen schenkten und mich mit Offenheit und Herzlichkeit an ihrer persönlichen Migrationserfahrung teilhaben ließen.

Die Studie wäre ohne meine InformantInnen, aber auch ohne die lehrreichen Anregungen und fundierten Kommentare von Prof. Ingeborg Baldauf niemals gelungen. Ich danke ihr nicht nur für die intensive und kritische Auseinandersetzung mit der ganzen Studie, sondern auch für ihre Zeit und ihre hingebungsvolle Betreuung. Mein Dank richtet sich auch an Prof. Manja Stephan-Emmrich für inspirierende Gespräche und motivierende Worte während des Schreibprozesses. An den Korrekturarbeiten haben viele meiner Freundinnen und Freunde mitgewirkt, auch ihnen bin ich für ihre Unterstützung sehr dankbar. Zuletzt möchte mich noch bei meiner Familie bedanken, die an mich geglaubt und immer unterstützend und liebevoll an meiner Seite gestanden hat.

Vorbemerkung

Die Interviews wurden überwiegend auf Tadschikisch und Russisch geführt. Tadschikische und russische Originalbegriffe, die in Klammern jeweils hinter der deutschen Übersetzung erscheinen, sind kulturspezifische Ausdrücke, die in den jeweiligen Kapiteln erläutert werden, da sie in dem hier thematisierten Migrationskontext eine besondere Bedeutung haben.

Die tadschikischen, russischen und einige usbekische Ausdrücke sowie Vornamen der InformantInnen werden nach den Regeln der wissenschaftlichen Transliteration des Kyrillischen in Lateinschrift wiedergegeben. Für zusätzliche Laute und Konsonanten, die in der tadschikisch-kyrillischen Schrift, jedoch nicht im russischen Alphabet vorkommen, habe ich folgende Sonderzeichen verwendet: ғ=ġ, қ=q, ҳ=h, ӯ=ū, ҷ=ǧ, и=ī. Für Ortsnamen, die einen gewissen Bekanntheitsgrad besitzen, wird eine eingedeutschte Schreibweise verwendet.

1 Einleitung

In diesem Buch wird der Migrationsweg junger tadschikischer Männer nach Moskau thematisiert, wie er zur Zeit meiner Feldforschungen (2010–2011) aktuell war. „Die Männer sind gezwungen (*maĝbur hastand*), nach Russland zu gehen." Diese Aussage habe ich in zahlreichen flüchtigen Gesprächen in Geschäften gehört, auf Basaren und in Taxis, sowohl in Tadschikistan als auch in Russland. Gezwungen seien die jungen Männer aufgrund der schwachen Wirtschaft in Tadschikistan und des Mangels an gut bezahlten Arbeitsplätzen. Migrationsberichte zu Tadschikistan bestätigen die Ansicht, dass die Wirtschaftsstagnation infolge der postsozialistischen Umwälzungsprozesse im Land eine hohe Arbeitslosigkeit verursacht hat (um 2010: 13 %); die damit einhergehende Armut[1] ist Grund für die Migration nach Russland (Jones et al. 2007; Olimova 2009: 365–367[2]; Umarov 2010). Ähnliche Folgen der Transformation lassen sich auch in den benachbarten postsozialistischen Ländern beobachten, aber Tadschikistan sticht in Bezug auf den Umfang der Rücküberweisungen (*remittances*) von MigrantInnen heraus, die hier etwa die Hälfte des Bruttoinlandsproduktes ausmachen.[3] So hängt Tadschikistan verschiedenen Quellen zufolge in Zentralasien und weltweit am meisten von dieser Art von Geldzufuhr ab (Umarov 2010: 18; WorldBank 2011: 14).

Konkrete Schätzungen variieren, aber nicht-staatliche Berechnungen gehen davon aus, dass sich bis zu eine Million TadschikInnen temporär – und ein gewisser Anteil von ihnen dauerhaft – in Russland aufhalten (Peyrouse 2007: 252; Umarov 2010: 11). Die meisten sind männliche saisonale Arbeitsmigranten, die undokumentiert[4] auf Großbaustellen arbeiten (Olimova 2009: 369–370). Die männliche Dominanz im tadschikischen Migrationsstrom lässt sich deutlich erkennen: Über 95 Prozent der MigrantInnen sind Männer, von denen die Mehrzahl das dreißigste Lebensjahr nicht überschritten hat (Olimova and Kuddusov 2007:

---

1 Laut Umarov (2010) leben 60 Prozent der TadschikInnen unterhalb der Armutsgrenze (ebd.: 15).

2 Olimova (2009) führt auch den Bevölkerungszuwachs durch die anhaltende hohe Geburtenrate in Tadschikistan als einen weiteren Grund für die Arbeitsmigration nach Russland auf (ebd.: 364).

3 Das Volumen der Rücküberweisungen von MigranntInnen variiert von Jahr zu Jahr und wird in den Quellen unterschiedlich angegeben. Nach Berechnungen der tadschikischen Nationalbank machten 2008 Remittances 65 Prozent des Bruttoinlandproduktes (BIP) aus (Umarov 2010: 15–16). Nach der Krise 2009 und einem vorübergehenden Rückgang der Remittances (35 %) schätzt die Weltbank diese für 2010 wieder deutlich steigend ein (WorldBank 2011).

4 Der Ausdruck „undokumentiert" und seine Verwendung in dieser Arbeit wird auf Seite 36 genauer erläutert.

https://doi.org/10.1515/9783110668933-001

28–29). Ein derartiges Gender-Ungleichgewicht ist in keinem anderen postsowjetischen Staat gegeben. Dies wird in Migrationsberichten zumeist mit kulturellen bzw. religiösen Moralvorstellungen begründet (Khusenova 2010; ILO 2010b: 6). Olimova und Kuddusov (2007: 5) interpretieren die genderspezifische Migration im Kontext eines postsowjetischen Festhaltens an traditionellen Familienkonzepten, in denen der Mann als einziger Versorger der Familie fungiert.[5]

Die meisten TadschikInnen wählen Russland als Zielland und Moskau als Zielstadt ihrer Arbeitsmigration (ILOb 2010: 11). Dies hängt neben dem Abkommen zur Visafreiheit (Herbers 2007: 186) vor allem mit dem Wirtschaftsaufschwung in Russland und dem daraus resultierenden Bedarf an zusätzlichen Arbeitskräften in den Großstädten zusammen (Rahmonova-Schwarz 2006: 316–317). Bereits bestehende soziale Netzwerke und die Erfahrungen der Zurückkommenden sind für die Entwicklung von Migrationsrichtung und -struktur ebenfalls ausschlaggebend (Rahmonova-Schwarz 2010: 20).[6]

„Migration": Versuch einer Begriffsbestimmung

Bei der Bestimmung des Begriffs „Migration"[7] schließe ich mich der breit gefassten Definition von Treibel an, wonach Migration „der auf Dauer angelegte bzw. dauerhaft werdende Wechsel in eine andere Gesellschaft bzw. in eine andere Region von einzelnen oder mehreren Menschen" ist (2008: 21). Der Begriff Migration wird kontinuierlich konkretisiert und differenziert (ebd.: 20). Für die Kategorisierung von Migration werden Zeit, Raum oder auch Kausalitäten als begriffsbestimmende Faktoren (Determinanten) verwendet (Strasser 2009: 17). Der derzeitige Migrationsstrom von Tadschikistan nach Russland wird von der tadschikischen Migrationsforscherin Saodat Olimova (2009) und von anderen (Jones et al. 2007)

---

5 Allerdings ist ein deutlicher Anstieg erwerbstätiger Frauen aus Tadschikistan zu beobachten (Khusenova 2010: 277), was einmal mit dem Gehalt in Russland zusammenhängt – aus informellen Gesprächen in Moskau ging hervor, dass Arbeitsmigrantinnen in Moskau häufig mehr verdienen als männliche Arbeitsmigranten –, aber auch auf eine steigende gesellschaftliche Toleranz gegenüber alleinimmigrierenden Frauen schließen lässt.

6 Diese Faktoren bestimmen meiner und Herbers' (2006: 186) Analyse zufolge die Migrationsrichtung eher als die in einigen Studien betonte Nähe zu Russland aufgrund von Sprachkenntnissen und kultureller Affinität (so bei Umorov 2010: 11). Die meisten meiner Interviewpartner hatten geringe oder keine Russischkenntnisse, als sie das erste Mal nach Russland reisten.

7 Der Begriff Migration (lat. *migrare* ‚wandern') beschreibt „die Bewegung von Individuen oder Gruppen im geographischen und sozialen Raum" (Strasser 2009: 17). Mein Verständnis von Migration stimmt nicht mit der statischen Definition von Migration der UN überein (*movement from point A to point B for at least 12 months*, s. Cohen und Sirkeci 2011: 7).

als eine *Arbeitsmigration* kategorisiert, denn ihren Analysen zufolge ist das zentrale Motiv für die Mobilität nach Moskau die Suche nach einer besser bezahlten Arbeit (Olimova 2009: 366ff.; Jones et al. 2007: 8).

Meine InformantInnen haben für ihre Mobilität in den Interviews je nach Kontext unterschiedliche Ausdrücke verwendet, wobei sowohl das Motiv der Arbeit als auch das des Geldverdienens inbegriffen ist. Neben *migracija* wird von *muhoğirat kardan* ‚auswandern, migrieren' und zumeist von *Moskvaba raftan* ‚nach Moskau gehen' gesprochen, aber auch der Ausdruck *pul kor kardan* ‚Geld erarbeiten' fällt in diesem Zusammenhang. Die jungen tadschikischen Männer, die bereits in Russland arbeiten, werden zumeist als *muhoğironi korī* ‚Arbeitsmigranten', *muhoğironi mehnatī* ‚Arbeitsmigranten' oder *mardikoron* ‚Arbeiter' bezeichnet. Die ersten beiden Zusammensetzungen können als Nachbildungen der russischen Vorlage *rabočij/ trudovoj migrant* angesehen werden. Darauf verweist insbesondere die Verwendung des Wortes *mehnat*, das sich in der sozialistisch-sowjetischen Zeit etabliert hat und eine Entsprechung des russischen Wortes *trud* ‚Arbeit, Mühe' ist, wohingegen *kor* seine Entsprechung im russischen Wort *rabota* ‚Arbeit' findet. Der letzte Ausdruck *mardikoron* kann auch mit ‚Tagelöhner' übersetzt werden und konnotiert negativ, dass der betroffene Mann jede Art von Arbeit annehmen muss, um zu überleben.

In Moskau selbst beschreiben sich die ArbeitsmigrantInnen aufgrund ihres rechtlichen Status und aus dem Verständnis der lokalen Bevölkerung heraus mit dem russischen Wort *migrant* – gewissermaßen eine Fremdzuschreibung, die zu einer Eigenbezeichnung geworden ist. In der vorliegenden Arbeit spreche ich deswegen, und auch in Anlehnung an Olimovas Kategorisierung, ebenfalls primär von tadschikischer Arbeitsmigration, auch wenn in einigen Kontexten lediglich der Begriff Migration erscheint.

Forschungsgegenstand und Fragestellung

In der ethnologischen Annäherung wird Arbeitsmigration, wie alle menschlichen Bewegungen und Handlungen, als ein kulturelles Phänomen verstanden. Wie Cohen und Sirkeci (2011) in ihrer Zusammenschau auf Migrationsprozesse in verschiedenen Regionen der Welt aufzeigen, orientiert sich die Arbeitsmobilität –

beziehungsweise besser: orientieren sich deren Träger, genannt *movers*[8] – an ihren kulturspezifischen Handlungsmöglichkeiten. Cohen und Sirkeci verweisen auf die besondere Bedeutung der Untersuchung der Meso-Ebene, da äußere Determinanten wie Grenzen, Regime, die Ökonomie und bestimmte lokale Faktoren die Mobilität des Individuums auslösen, aufhalten oder strukturieren (ebd.: x). Im Umgang mit diesen Bedingungen unterliegt die Mobilität einem komplexen Aushandlungsprozess, der sich innerhalb der Bahnen von bestehenden „cultures of migration" abspielt.[9] Dies bedeutet, dass „traditionelle Überzeugungen" sowie „kulturelle Erwartungen" und die gegebene soziale Struktur die Migrationsabsicht mit beeinflussen (Cohen und Sirkeci 2011: 14 ff.). Auch Klute und Hahn verstehen in ihrem Sammelwerk *Cultures of Migration* Migrationsbewegungen als einen Komplexe von kulturellen Repräsentationen (2007: 13). Sie heben jedoch hervor:

> Various Cultures of Migration are established by discourses, and sometimes even conflicting negotiations among migrants themselves (ebd.: 14).

Kulturen sind ihrer Ansicht nach im stetigen Fluss (flows), sind also immer das Ergebnis eines interaktiven Prozesses (Klute & Hahn 2007: 14). Aufgrund dieser Perspektive plädieren Klute und Hahn für die besondere Berücksichtigung einer emischen Sichtweise, um die Bedeutungen der Migration für die Lebensweise der MigrantInnen zu entschlüsseln (ebd.: 16–17). In einer früheren Kleinstudie hatte ich mich bereits mit der emischen Perspektive auf Migration befasst, indem ich die Erfahrungswelt der in Tadschikistan zurückbleibenden jungen Frauen untersucht habe, die durch die Auswirkungen der Arbeitsmigration der Männer indirekt mit Migration konfrontiert sind. Die Frauen reflektierten über das veränderte Verhalten ihrer Brüder, Männer und Väter nach deren Rückkehr aus der Arbeitsmigration. Darüber hinaus enthüllten sie eine Vielschichtigkeit der Migrationsmotive, die den in dem einführenden Zitat genannten vermeintlichen Zwang („die Männer sind gezwungen, nach Russland zu gehen") teilweise entkräftet. Dass die Aussagen dieser Frauen von der in der Literatur bekannten normativen Argumentation abwichen, hat mich letztlich dazu bewogen, den Migrationsweg der jungen Männer nachzuvollziehen und die Arbeitsmigranten in ihrer Heimat und an ihrem Ankunftsort aufzusuchen.

---

8 Cohen und Sirkeci (2011) ersetzen den Begriff der Migration mit *mobility* und Migranten mit *movers*, um sich von der konventionellen und begrenzten Definition der Migration abzugrenzen (ebd.: 7).
9 „[we] suggest that a culture of migration exists in nearly all migrant and refugee settings" (Cohen and Sirkeci 2011: xi).

Die vorliegende Arbeit widmet sich also jungen Männern, welche in den Migrationsprozess nach Moskau involviert sind. Als „junge Männer" bezeichne ich dabei solche in der Altersgruppe zwischen 17 und 27, die sich in der Lebensphase der Postadoleszenz befinden.[10] Die kulturspezifisch etablierten Begriffe *pul kor kardan* ‚Geld erarbeiten' oder *Moskvaba raftan* ‚nach Moskau gehen', mit denen die Arbeitsmigration umschrieben wird, verweisen auf eine von Saisonarbeit geprägte Lebensweise und sind nicht nur für die Migrierenden selbst, sondern auch für die Nichtmigrierenden mit bestimmten Imaginationen behaftet (siehe S. 63/ 91).[11]

Mit diesen Imaginationen verlassen die jungen Männer also das familiäre Nest; in Moskau stoßen sie auf eine Alltagsrealität, die häufig unerwartete Hürden und Schwierigkeiten mit sich bringt. Sie werden auf physischer und mentaler Ebene herausgefordert, was sich letztlich auf verschiedene Lebensbereiche der jungen Männer auswirkt. Ziel meiner Forschung ist es, diese Migrationserfahrung zu untersuchen und die prägenden Eigenschaften eines Russlandaufenthalts zu enthüllen. Im Mittelpunkt meines Forschungsinteresses steht die Frage, wie die Bewegung hinaus aus dem ursprünglichen sozialen Kontext für einen jungen Mann überhaupt relevant wird. Des Weiteren interessiert mich, wie die jungen Männer ihre Arbeitsmigration und sich selbst im Migrationsraum Moskau wahrnehmen. Mein Anliegen hierbei ist, die Rolle des Russlandaufenthalts für die Lebensbahn eines jungen Mannes deuten zu können. Im Lebenszyklus eines heranwachsenden tadschikischen Mannes signalisieren entscheidende Ereignisse und Handlungen Reifung, die den Status des jungen Mannes in der Familie erhöht und damit für Sicherheit und Stabilität der Familie von großer Bedeutung ist.

Bei dem Begriff „Reifung" beziehe ich mich auf Straube: „Das Individuum wächst unter der Obhut der Gruppe heran und wird als Frau oder Mann in die

---

10 Als Adoleszenz wird die Lebensphase des Jugendalters verstanden. Sie beschreibt die Gesamtheit der psycho-sozialen Entwicklungsprozesse zwischen Jugend und Erwachsensein (Zimmermann 2006: 157). Mit dem Begriff der Postadoleszenz wird die Nach-Jugendphase bezeichnet, welche sich auf die Ausbildungszeit vor dem Eintritt in die ökonomische Unabhängigkeit bezieht. Dieser Kategorisierung liegt eine kulturelle Spezifizität zugrunde, so dass sie nur bedingt übertragen werden kann. Den Abschluss dieser Lebensphase markiert nicht allein die ökonomische Unabhängigkeit; die ‚Ausbildung' läuft, wie ich in dieser Studie zeigen werde, nicht immer im klassischen Sinne ab, und die Migration kann auch als ein Bildungsmoratorium gewertet werden. Für eine umfassende Auseinandersetzung mit der Kategorie von Jugend im tadschikischen bzw. weiteren zentralasiatischen Kontext siehe Roche (2010) und Kirmse (2012).
11 Im Kontext südkirgisischer Migrationsprozesse verweist Reeves auf einen interessanten Ausdruck *šaarga ketken*, wörtl. ‚in die Stadt gegangen' (Reeves 2012: 108). Obwohl vermeintlich unspezifisch, wird damit nicht irgendeine oder die nächstgelegene Stadt gemeint, sondern der Ausdruck bezieht sich speziell auf die Migration nach Moskau.

jeweils gültigen Normen- und Wertsysteme hineinsozialisiert. Seine Reifung vollzieht sich dabei als lebenslanger Prozess innerhalb des Lebenszyklus, in dem es gesellschaftliche Rollen erlernt" (Straube 2002: 13). Ebenso wird im lokalen tadschikischen Verständnis das Reifen oder Reifwerden als ein offener Lernprozess verstanden (Stephan 2010: 174). Stephan weist darauf hin, dass noch ein weiteres lokales Konzept von Reife in Tadschikistan vorzufinden ist, welches mit dem Begriff *baloġat* (‚Vollkommenheit', (geschlechtliche) Reife) benannt wird (ebda. 2010: 176). Hier wird Reife als der Endzustand einer Entwicklung begriffen, der das Zusammenwirken der geschlechtlichen Reife mit der moralischen und religiösen Reife[12] impliziert, was letztlich den Beginn der Jugendphase und damit den Abschied vom Kindsein markiert (ebd.). In der Jugendphase angekommen, welcher *baloġat* vorausgeht, steht nun die soziale Reifung des Heranwachsenden im Vordergrund, die zur nächste Stufe führt.

Anders als bei jugendlichen Mädchen oder Frauen, deren Reife primär an biologischen Faktoren und äußeren Merkmalen bemessen wird, bilden bei den heranwachsenden Männern die erreichte psychologische und soziale Entwicklung die entscheidenden Kriterien für die Behauptung der Reifung (Roche 2010: 106). Um Reifung zu ermöglichen, wird den jungendlichen Männern eine experimentelle Phase der Jugend zugestanden, welche den weiblichen Jugendlichen aufgrund eines schnellen Überganges von Mädchen/Tochter zu Braut/Schwiegertochter (*kelin*) vorenthalten wird (ebd.). Den Statusübergang vom *bača* (‚Junge, Kind; unverheirateter junger Mann') zum *mardak* ‚Mann' markiert natürlich die Heirat, aber auch der körperliche Einsatz und das Übernehmen von Verantwortung für Familie und Gemeinschaft, wodurch die psychologische Reifung eines Mannes (*mardak*) signalisiert wird (Roche 2010: 107). Im Zuge dieser Studie werde ich verschiedene Merkmale und Besonderheiten der sozialen Reifung junger tadschikischer Männer im Hinblick auf die Migration beleuchten.

Mit Bezug auf die Migration und die durch sie gestiegene ökonomische Bedeutung der jungen Männer sind sowohl der Umstand, dass der junge Mann die Familie unterstützt, als auch seine dauerhafte Bindung dadurch, dass er in Tadschikistan verheiratet ist, zentrale Signale, die eine Statuserhöhung bewirken (Roche 2010: 317–318). Die Familienstruktur in Tadschikistan basiert auf definierten Positionen, die jeweils mit einem bestimmten Status verbunden sind; jedes Individuum erlebt daher auch Positions- und Statuswechsel. Reeves (2010: 220) sagt dazu:

---

12 Mit religiöser Reife wird die Verinnerlichung von Moralität und Religionsmündigkeit verstanden, was bedeutet, dass vor dem Eintreten von *baloġat* die Menschen für ihre Taten und Sünden nicht verantwortlich sind (Stephan 2010: 176–178).

[...] for any given society at any historical moment, there are repertoires of 'male' and 'female' that are learned and embodied from our earliest days of life. Nor are these repertoires immutable: they change through the life-course and from one historical epoch to another [...]. [13]

Ausgehend davon, dass ein jeder Status eine Verhaltensweise bzw. Rolle vorgibt, werde ich untersuchen, welchen Status ein junger tadschikischer Mann während und aufgrund seiner Arbeitsmigration einnimmt.

Ähnlich wie Roche (2010) habe ich mich dieser Frage angenähert, indem ich das Strukturschema der „rites de passage" von van Gennep (1986) und Turner (2000) in den Blick genommen und auf die Migrationserfahrung junger Männer übertragen habe. Dabei gilt die Aufmerksamkeit in meiner Studie nicht der rituellen Praxis, sondern primär den durch die Riten abgegrenzten Lebensphasen. Diese Perspektive richtet sich also nicht, wie in vielen anderen Arbeiten der Fall, primär auf die wirtschaftliche, sondern auf die soziale Dimension des Weggehens und Zurückkommens des Arbeitsmigranten. Wie erlebt der junge Mann den Übergang von der einen in die andere Struktur, und was sind es für Strukturen, die er durchkreuzt? Eine solche Perspektive bietet Erklärungspotenzial für bestimmte soziale Mechanismen, die sich innerhalb der Familie und der Gemeinschaft abspielen und die auch Gründe für Mobilität liefern.

Durch die Analyse der Sichtweise der jungen Männer auf die eigene Migration, auf Motive für das „nach Moskau Gehen" und auf Erlebnisse in Moskau wird letztlich die kulturspezifische Situation dieser jungen Männer umfassend in den Blick genommen; die Migration ist nicht nur deren Ausdruck und eine Antwort auf sie, sondern bedingt sie auch gleichzeitig (Brettell 2008: 136). Dies führt zu einer weiteren Analyseebene, die ich auf der Grundlage meiner Beobachtungen und Gespräche mit jungen Migranten in Moskau für diese Studie heranziehe: die Frage nach Geschlechterverhältnissen und insbesondere Männlichkeitsrollen im Zusammenhang mit der Arbeitsmigration nach Russland. In vielen soziologischen und ethnologischen Forschungen zu gesellschaftlichen Veränderungen in Zentralasien und speziell Tadschikistan werden Spannungsmomente infolge von sich wandelnden Geschlechterordnungen und Geschlechteridentitäten auch in Bezug auf die Migration thematisiert (Reeves 2010, 2012; Harris 2004; Kasymova 2007; Temkina 2005; Roche 2010). Die Forscherinnen beobachten, dass es für die jungen Männer aufgrund der sozioökonomischen Verhältnisse in Tadschikistan

---

13 Die englische Übersetzung des ursprünglich französischen Zitates stammt aus Reeves (2013: 309): Migration, masculinity and transformations of social space in the Sokh valley'. In: Marlene Laruelle (ed.) Migration and Social Upheaval as the Face of Globalization in Central Asia. Leiden: Brill: 305–329.

schwierig ist, ihre von der Gemeinschaft erwartete Männlichkeitsrolle[14] zu erfüllen (auch Louw 2007: 74). In der Analyse meines Forschungsmaterials versuche ich mich auch diesem Problem anzunähern.

Methodischer Zugang

Die ethnologische Migrationsforschung, in der sich diese Studie verortet, unterscheidet sich von anderen Disziplinen hinsichtlich der Erforschung von Migrationsphänomenen in Verfahrensweise und Perspektive (Darieva 2007: 73). Die hier thematisierten, durch die Mobilität ausgelösten Entwicklungen werden aus der Mikroperspektive heraus, also basierend auf einer qualitativen Forschung, erarbeitet (dazu auch Klute & Hahn 2007; Brettell 2003). Ich versuche mich durch eine „dichte Beschreibung" (Geertz 1991) anzunähern, um die Migrationserlebnisse deuten zu können und ihre Relevanz für die tadschikischen jungen Männer zu erfassen. Bei meiner empirischen Untersuchung habe ich mich am Modell einer *multi-sited ethnography* orientiert (Marcus 1999). Dieses sieht vor, dass für eine qualitative Migrationsuntersuchung mehrere Bezugsorte – also mehr als nur Herkunfts- oder Ankunftsort des migrierenden Individuums – ins Blickfeld genommen werden. Durch die Begegnung mit MigrantInnen in beiden Räumen werden der Umgang mit dem Ortswechsel und die Verarbeitung dieses „Hin- und Herpendelns" erfassbar. Marcus' methodologischer Vorschlag ist „to follow the people"/„thing"/„metaphor"/„story" (Marcus 1995: 105–110), was zu einer Art Suche nach den Spuren von Menschen und Objekten auffordert, die in mehr als nur einem Raum verortet sind. Das Miterleben der verschiedenen Lebenswelten bzw. Räume der MigrantInnen, und auch die gemeinsame Durchquerung dieser verschiedenen Räume, sei entscheidend, um das in der Migration Erlebte und das weitreichende Nachwirken eines Ortswechsels nachvollziehen zu können, so Marcus (1995: 106). Durch die Verknüpfung der Beobachtungen von Interaktionen in den verschiedenen Räumen wird erst die Dimension der mobilen Lebensweise entschlüsselbar.

Vor diesem Hintergrund entschied ich mich für zwei Feldforschungsaufenthalte. Der erste fand im Herbst 2010 in Tadschikistan in den Städten Duschanbe, Kulob, Chudschand und in einigen umliegenden Dörfern statt. Den zweiten Teil der Feldforschung führte ich im Frühling 2011 am Migrationsziel Moskau durch. Meine Forschung kann also nicht als eine multi-sited ethnography im Sinne von Marcus gelesen werden. Aufgrund der Gegebenheiten in Moskau war es mir kaum

---

14 Der Begriff Männlichkeit wird auf Seite 103 genauer erläutert.

möglich, alle die jungen Männer, die ich zuvor in Tadschikistan interviewt hatte, hier erneut zu treffen. Über Informantinnen in Tadschikistan bekam ich dafür Kontakte zu anderen männlichen Familienmitgliedern, die sich in Moskau aufhielten, die ich aber in Tadschikistan nicht getroffen hatte. So habe ich die meisten meiner InterviewpartnerInnen lediglich an einem Ort, also entweder in Moskau oder in Tadschikistan, erlebt.[15]

Während meiner beiden Feldforschungsreisen entstanden zahlreiche Interviews mit jungen Arbeitsmigranten, aber auch mit einigen Arbeitsmigrantinnen und vor allem auch mit nicht-migrierenden Familienmitgliedern: Schwestern, Müttern, Ehefrauen und Brüdern. Ich führte auch einige Interviews mit indirekt involvierten Personen („ExpertInnen") durch, die sich in Forschungseinrichtungen und Migrationszentren mit dem Migrationsstrom aus Tadschikistan nach Russland beschäftigen. Von diesen Interviews fließen aber lediglich zwei in meine Arbeit ein (Informantin Barno und das Interview mit Kasymova).

Durch die Herangehensweise mit einem Leitfaden aus Fragen und Erzählanreizen (Schlehe 2003: 78) erhoffte ich mir, „Zugang zu individuellen Erfahrungswelten" der Interviewpartner zu erhalten (Flick 2006: 146). Einige Interviews nahmen im Laufe des Gesprächs eine offene Form an, sodass sich eine narrative Gesprächssituation ergab. Fruchtbar war diese offene Gesprächssituation für die Forschungsfragen insofern, als durch das freie Erzählen unerwartete wichtige Aspekte und „subjektive Bedeutungsstrukturen" (Mayring 2002: 73) zur Geltung kamen.

Für die Interpretation und Kontextualisierung des generierten Materials bot sich die Durchführung einer qualitativen Inhaltsanalyse (Mayring 2003: 59ff.) an, um die Texte aufzubrechen und ihre Wissensbestände freizulegen, prägnante und aussagekräftige Ausschnitte der Interviews einer Feinstrukturanalyse zu unterziehen und auch latente Bedeutungen und Sinngehalte zu erschließen, die sich nicht in der direkten wörtlichen Bedeutung manifestieren, sondern die in semantischen Bildern und auch in Widersprüchen verwoben sind (vgl. Lucius-Hoene und Deppermann 2004).

Neben den Interviews ist die teilnehmende Beobachtung ein wichtiges Instrument der Materialakquise. Sie spielte in meiner Forschung dahingehend eine

---

15 Anzumerken bleibt, dass bei einer *multi-sited ethnography* die ForscherIn entscheidet, welche der vielen potenziellen „sites" aufgesucht und welche von diesen in den Mittelpunkt der Forschung gestellt werden. Somit entsteht automatisch eine Selektion der Räume, die nicht zuletzt aus praktischen und forschungspragmatischen Gründen von der forschenden Person vorgenommen wird (Hannerz 2003: 207). Das bedeutet, dass möglicherweise andere Forschungsergebnisse erzielt worden wären, hätte ich weitere wie beispielsweise die Reise (Flug oder Zugfahrt) als wichtigen Raum oder andere Räume für die Forschung herangezogen.

bedeutende Rolle, dass ich mit dieser Methode das Gesprochene, also das repräsentierende Material, mit den sonstigen Handlungen vor Ort in Beziehung setzen konnte.

Für die theoretische Rahmung meiner Befunde erschien mir die Interpretation der Arbeitsmigration der jungen Männer mit Hinblick auf die *rites de passage* (Turner 2000) hilfreich. Einbezogen in meine Analyse habe ich geographisch verschieden verortete Studien, die Statusübergänge junger Männer im Kontext der Migration thematisieren und in denen ich Parallelen zu meinen Forschungsergebnissen finden konnte. Neben Roche (2010), die Statusübergänge bei Heranwachsenden im tadschikischen Kontext analysiert hat, beziehe ich mich auf Monsutti (2007), der Arbeitsmigration zwischen Westafghanistan und Iran untersucht, sowie auf Osella und Osella (2000), die soziale Übergänge im Zusammenhang mit der Migration von Männern im indischen Kerala beschreiben. Auch Thorsens Studie (2007) zu jungen Migranten aus dem ruralen westafrikanischen Burkina Faso habe ich für die wissenschaftliche Einordnung meiner Ergebnisse herangezogen. Die aus den Interviews gewonnene Erkenntnis, dass die Arbeitsmigration der jungen Männer eng in Verbindung mit lokalen Familienstrukturen und rituellen Praktiken steht, führte mich zu der Forschung von Rahmonova-Schwarz (2012), die die Familie im Hinblick auf die transnationale Mobilität in Zentralasien untersucht.

In den Erfahrungen, Geschichten und Reflexionen der ArbeitsmigrantInnen und ihrer Familienmitglieder wurden gesellschaftliche Veränderungen und Brüche thematisiert, was mich dazu bewog, vorhandene Studien aus der Geschlechterforschung zu Tadschikistan für die Deutung des Migrationsprozesses einzubeziehen. Für die Analyse und Kontextualisierung meiner Ergebnisse konnte ich mich zum einen auf die Arbeit der Anthropologin Colette Harris (2004) beziehen, die Spannungen zwischen den Geschlechtern in Tadschikistan untersucht hat, und zum anderen auf das Werk der tadschikischen Soziologin Sofiya Kasymova (2007), die die „Transformation der Genderordnung in Tadschikistan" analysiert. Aufgrund der Tatsache, dass in vielen Gesprächen der Islam, zu dem sich alle meine InformantInnen bekennen, die Argumentationsgrundlage bildete und Erklärungsmuster bot, habe ich die ethnologische Arbeit von Manja Stephan (2010) herangezogen, die mir beim Analysieren und dem Verständnis von Islam und Moralität im postsowjetischen Tadschikistan sehr hilfreich war.

Von großer Relevanz für die vorliegende Studie ist folgende weiterführende Literatur, die nach ihrer Fertigstellung erschienen ist und die ich nicht mehr im Detail berücksichtigen konnte: Der Sammelband *The Family in Central Asia, New Perspectives* (2017), in dem Sophie Roche und Madeleine Reeves nicht nur die zentralasiatische Familie in die Analyse des Migrationsprozesses einbeziehen, sondern auch die männliche Arbeitsmigration mit ihren vielseitigen Dynamiken in Bezug auf Männlichkeit, Reifung und Geschlechterrollen thematisieren; auch der von Stefan Kirmse herausgegebene Sammelband *Youth in the Former Soviet South: Everyday Lives Between Experimentation and Regulation* (2012), der die Lebensetappe der Jugend im zentralasiatischen Bedeutungskontext und auch in Hinblick auf die Migration thematisiert, ist für die Beschäftigung mit der Arbeitsmigration heranwachsender Männer in Zentralasien von großer Bedeutung.

Von Manja Stephan und Christine Hunner-Kreisel erschien des Weiteren der Sammelband *Neue Räume, neue Zeiten. Kindheit und Familie im Kontext von (Trans-) Migration und sozialem Wandel* (2013), in dem unter anderem Sofia Kasymova und Manja Stephan den durch die Migration bewirkten Wandel der Kindheit untersuchen.

2 „Wie gut, dass es Moskau gab": Ein Rückblick

Aliğon[16] wartete ungeduldig auf mich am Ausgang der Metrostation. Mehrere Male rief er mich in Minutenabständen an um sicherzugehen, dass ich den weiten Weg aus dem Moskauer Stadtzentrum heraus zu ihm in einen der Außenbezirke der Metropole finden würde. Aliğon wusste von mir nur, dass ich seine Schwester Zūhro in Tadschikistan kennengelernt hatte, aus Deutschland kam und mit ihm über sein Leben in Moskau sprechen wollte. Es war nicht ganz einfach, ein Treffen mit ihm zu vereinbaren, da er in einem Moskauer Vorort arbeitete und selten in die Stadt fuhr. Aber ich hatte Glück, denn Aliğon hatte Urlaub genommen und war für einige Tage in die Stadt gekommen und konnte im Zuge dessen ein kurzes Treffen mit mir einrichten.

Als ich die lange Rolltreppe hinter mir gelassen hatte, sah ich hinter der Glastür einen fröhlichen jungen Mann, der sichtlich ungeduldig auf mich wartete. Wir erkannten einander sofort, ohne uns je zuvor gesehen zu haben oder irgendwelche Beschreibungen voneinander zu haben. In den ersten Minuten unseres Zusammentreffens schaute mich Aliğon immer wieder lachend und etwas ungläubig von der Seite an und vergewisserte sich mehrere Male, ob ich tatsächlich in Tadschikistan gewesen war und dort seine ältere Schwester kennengelernt hatte. Er schüttelte lachend den Kopf und schlug mir vor, zur Kebab-Bude auf der anderen Straßenseite zu gehen, da sich dort seine Cousins aufhielten. Wir überquerten die Straße und kamen zu dem kleinen Anhänger, der zu einer Kebab-Bude umgebaut war. Der Verkäufer David, ein Cousin von Aliğon, begrüßte mich so freudig und herzlich wie zuvor noch keiner meiner tadschikischen Informanten in Moskau. Er stellte für mich einen Hocker hinter der Kebab-Bude auf, ließ mir durch seinen deutlich jüngeren Neffen, den er bei sich eingestellt hatte, ein Getränk geben und widmete sich wieder der Zubereitung des Kebab und den Gesprächen mit seinen Stammkunden. Ich war erstaunt über die amüsanten Dialoge und die allgemein fröhliche Atmosphäre, die rings um diese Kebab-Bude herrschte. Im Minutentakt hielt jemand für eine Begrüßung oder ein kurzes Gespräch mit David vor der Kebab-Bude an. Noch ein dritter junger Mann, Parviz, stieg aus einem dunklen ‚sowjetischen' Auto, das hinter der Kebab-Bude parkte, und gesellte sich zu uns. Alle drei schienen trotz des zuvor am Telefon beschriebenen Zeitmangels nicht in Eile zu sein und begannen mir unzählige Fragen über meine Forschungsabsichten und meine Herkunft zu stellen.

---

16 Namen und Geburtsorte aller InterviewpartnerInnen sind von mir verändert worden.

https://doi.org/10.1515/9783110668933-002

Nachdem sich das erste Staunen über meine Person und meine Forschung gelegt hatte, bat ich die drei jungen Männer, mit mir über ihre Erfahrung in der Migration zu sprechen. David, der älteste von ihnen, wurde ruhiger und ernsthafter und erklärte mir, wie glücklich er sich schätzte, dass er in Zeiten des tadschikischen Bürgerkriegs *(ğangi šahrvandī)* die Möglichkeit gehabt hatte, den Migrationsweg nach Russland einzuschlagen: „Wie gut, dass es Moskau gab; wenn es Moskau nicht gegeben hätte, dann hätten wir uns alle in Tadschikistan gegenseitig umgebracht" (David). Mitte der 1990er Jahre, als David das erste Mal nach Moskau reiste, herrschte in Tadschikistan Bürgerkrieg. Gekämpft wurde einerseits um die Machtübernahme in Tadschikistan und damit um die politische Gestaltung und die religiöse Ausrichtung des Landes, andererseits um die Verwirklichung der regionalen Interessen der Kriegsparteien und der dahinterstehenden Gesellschaftsgruppen (Herbers 2006: 47–48). Ein fünfjähriger Bürgerkrieg (1992–1997) in Tadschikistan war die dramatische Folge dieses Tauziehens. Die Überfälle und Kämpfe zwischen den Konfliktparteien und der wirtschaftliche Notstand verursachten Fluchtbewegungen von Tausenden TadschikInnen und Angehörigen anderer ethnischer Gruppen in die Nachbarländer und nach Russland. Ein Jahr nach Ausbruch des Bürgerkrieges war jede/r fünfte Bürger/in Tadschikistans zu einem Flüchtling oder einer/m Binnenmigrant/in geworden (Olimova 2009: 351).

Zu Beginn des Bürgerkriegs, zwischen 1992 und 1993, verließ als erstes die tadschikistanische „Intelligencija" (dazu gehörten in Tadschikistan lebende JüdInnen, RussInnen, Deutsche, TadschikInnen) das Land (Jones et al. 2007: 9). Diejenigen von ihnen, die in Russland einen Flüchtlingsstatus hatten, erhielten Jahre später die Staatsbürgerschaft und blieben in Russland (Rahmonova-Schwarz 2010: 25). Olimova (2009) verweist darauf, dass diese ersten postsowjetischen EmigrantInnen entscheidend für die Herausbildung von Migrationsnetzwerken waren (ebd.: 353). Sie waren richtungsweisend für die zweite Migrationswelle, die aufgrund des Bürgerkriegs von Mitte bis Ende der 1990er Jahre entstand und vornehmlich erwachsene Männer aus ländlichen Gebieten nach Russland brachte (Jones et al. 2007: 9). Insbesondere in der Hochphase des Bürgerkriegs (1993–1995) hatte der Migrationsstrom einen deutlichen Zulauf, der zusammen mit der hohen Opferzahl in Tadschikistan einen „Männermangel" verursachte (Kasymova-Interview).

Viele Migranten, die in diesen Jahren nach Russland gekommen waren, erinnern sich wie David mit anhaltender Erschütterung an die Zeit des Bürgerkrieges (David; Rustam). Die Stadt Moskau wird als ein Rettungsanker dargestellt, ohne den David – wie viele andere junge Männer auch – die Jahre des Bürgerkriegs nicht überlebt hätte. Verschiedenen Schätzungen zufolge sind 50.000–70.000

Menschen, überwiegend Männer, den kämpferischen Auseinandersetzungen in Tadschikistan erlegen (Herbers 2006: 65; Olimova 2009: 351). Mit den politischen Konflikten ging eine ökonomische Krise einher. Die Wirtschaft kollabierte. Die jahrzehntelange Subventionierung durch die sowjetische Regierung wurde mit der Entlassung Tadschikistans in die Unabhängigkeit eingestellt; Wegfall von Arbeitsplätzen und Nichtauszahlung von Löhnen waren die Folge (Jones et al. 2007: 5; Olimova 2009: 354). Die unvermindert schwierigen Lebensumstände führten dazu, dass auch nach Abschluss des Friedensabkommens von 1997 der Migrationsfluss nach Russland weiter anstieg. Diese von Olimova (2009) als Wirtschafts- bzw. Arbeitsmigration kategorisierte Migrationsbewegung nahm schon Ende der 1990 Jahre einen massenhaften Charakter an (ILO 2010b: 4).[17] Anders als noch in den 1990er Jahren dominieren seit Mitte der 2000er Jahre junge und unausgebildete Migranten den Migrationsstrom (Jones et al. 2007: 9; Olimova and Kuddusov 2007: 29): „Naja, mittlerweile kommen alle Menschen aus Tadschikistan nach Moskau und finden irgendeinen Arbeitsplatz, an dem sie irgendwie Geld machen können [*pul kor kardan*]" (David).

Wenn der Zeitpunkt zum Aufbruch gekommen ist

Ravšan, den ich in Chudschand traf und der bis zum Zeitpunkt des Interviews in Chudschand studierte, erklärte mir während eines Gesprächs, das auf seinen Wunsch hin auf Englisch stattfand, seine Sichtweise auf die Mobilitätsgründe bei seinen Altersgenossen:

> Fünfzig Prozent meiner Mitschüler sind nach Russland gegangen, weil sie vom Dorf sind. Die anderen fünfzig Prozent sind in Chudschand und lernen. Sie entscheiden nicht für sich, sondern sie müssen einfach. Auch wenn man studieren möchte, aber wenn man selbst das Geld nicht hat und die Familie auch nicht, dann muss man gehen. Wenn man keine höhere Ausbildung hat und nicht für den Staat arbeiten kann, dann ist man gezwungen. Die Mütter und Väter entscheiden, wann du gehen musst. Alle Männer, die dort sind–, sechzig Prozent sind junge Menschen (Ravšan).

Dass der Migrationsstrom nach Russland von jungen männlichen Migranten aus ruralen Gebieten Tadschikistans dominiert wird (76 Prozent), bestätigen sowohl

---

17 Die ILO (International Labour Organization) ist eine zwischenstaatliche Organisation, die u.a. auch in Tadschikistan präsent ist. Für die Darstellung des tadschikischen Migrationsprozesses fließen in diese Studie Berichte der ILO und der IOM (International Organization for Migration) mit ein.

ILO (2010b: 79) als auch Olimova (2009: 369). Ihren Statistiken zufolge macht dabei die Gruppe der 18- bis 25-jährigen Migranten über 30 Prozent aus (ILOa 2010: 13) und 46 Prozent haben das 30. Lebensjahr nicht überschritten (Olimova 2009: 369). Im Großen und Ganzen gehören 70 Prozent der Söhnegeneration an, was bedeutet, dass sie zu der zweiten Generation von Arbeitsmigranten aus Tadschikistan zählen, unter 35 Jahre alt und zumeist weniger qualifiziert sind (ILOa 2010: 13).

Ein weiterer zentraler Aspekt, den Ravšan in dem Interviewausschnitt anspricht, bezieht sich auf die Entscheidungsgewalt über die Migration. In verschiedenen Migrationsberichten wird von einer Vormundschaft des Familienverbandes avlod[18] gesprochen: Die Ältesten eines Verbandes haben die höchste soziale Autorität, und alle Entscheidungen, so auch solche bezüglich der Arbeitsmigration eines jüngeren Familienmitgliedes, werden mit ihrem Einverständnis getroffen (Olimova 2003: 51; Khusenova 2010: 281–282); in urbanen Gebieten, in denen nukleare Familienmodelle dominieren, haben die Ältesten ihre absolute Entscheidungsmacht allerdings verloren (Khusenova 2010: 282; Kasymova 2007: 143). Entsprechend variieren auch die Interviewaussagen je nach dem, welches Familienmitglied befragt wird. Mir gegenüber betonten die jungen Arbeitsmigranten, dass die Migration ihrer eigenen Entscheidung folgte oder Resultat eines Aushandlungsprozesses in der Familie war (Anvar; Aligon u.a.).

Ravšan beschreibt jedoch einen gewissen Migrationszwang, der auf denjenigen jungen Männern laste, bei denen das Familienbudget limitiert ist und denen keine weiterführende Ausbildung finanziert werden kann. Ein wichtiger Aspekt, den Ravšan anspricht, ist der Zeitpunkt, ab wann für den jungen Mann eine Migration ansteht. Ravšans Argumentation zufolge tritt die Verpflichtung zur Mitfinanzierung des Familienhaushaltes direkt nach Beendigung der Schule in Kraft. Wenn eine Verlängerung der Ausbildung aufgrund der gegebenen Umstände nicht anvisiert werden könne, dann komme als Alternative nur die Migration in Frage.

---

18 *Avlod, toyfa, qawm* etc. bezeichnen einen patrilinearen Familienverband (Clan), der sich auf einen gemeinsamen Vorfahren beruft (Olimova und Bosk 2003: 51). Roche (2010: 121) verweist darauf, wie junge Männer durch dieses Verwandtschaftssystem oder Netzwerk kontrolliert und an ihre Gemeinschaft gebunden werden.

Flucht vor dem Militärdienst

Wenig thematisiert wird in den Migrationsberichten ein weiterer Faktor, der über den konkreten Zeitpunkt der Arbeitsmigration mitentscheidet: der Wunsch, sich dem Militärdienst (*chizmati harbī*) zu entziehen. Er wurde lediglich durch zwei meiner InterviewpartnerInnen, Sitora und Manučehr, zur Sprache gebracht.

> Natürlich gehen sie, weil sie sonst in der Armee dienen (*chizmat kardan*) müssen. Und bei uns in der Armee hältst du es kaum aus. Sie schlagen die jungen Männer dort, machen sich lustig über sie. Die jungen Männer kommen krank von der Armee zurück. Die einen haben einen Nierenschaden, die anderen haben irgendwelche anderen Krankheiten. Während der zwei Jahre, die sie dort arbeiten würden, können sie hier [in Moskau] viel verdienen, sich ein Auto kaufen, heiraten und sogar noch etwas zurücklegen. Sie kommen hier her, verdienen etwas Geld und kaufen sich dann einen Militärschein[19] (*bileti harbī*). Danach haben sie keine Probleme mehr mit der Armee (Manučehr).

In Tadschikistan können Männer im Alter zwischen 18 und 27 zum zweijährigen Militärdienst eingezogen werden. Bestimmte Lebenssituationen, etwa wenn es nur einen Sohn in der Familie gibt oder die jungen Männer selbst schon mindestens zweifache Väter sind (Roche 2010: 180), wenn sie ein Studium begonnen haben oder eine Erkrankung nachweisen können, ermöglichen nach tadschikischem Recht die Befreiung vom Militärdienst (Eurasianet 2012). Der jetzige Militärdienst hat nur wenig mit dem männlichkeitsbetonten, heute allgemein positiv erinnerten Armeedienst der Sowjetunion gemeinsam (Roche 2010: 179–180). Sitora erwähnte gesundheitsgefährdende Umstände in den tadschikischen Kasernen; solche werden auch in einigen wenigen Zeitungsartikeln bestätigt. Vor allem Ernährungsmangel, Misshandlungen und das Fehlen von angemessenen sanitären Einrichtungen werden thematisiert (Eurasianet 2012).

Häufig wird berichtet, dass junge Männer, die keine Studenten sind und auch keine anderen Bescheinigungen vorweisen können, quasi von der Straße weg zum Militärdienst eingezogen werden (Eurasianet 2012). Solchen Übergriffen, auch in der Öffentlichkeit und sogar in Moscheen, fallen vor allem junge Männer zum Opfer, die der ärmsten Gesellschaftsschicht angehören und damit weder durch eine Arbeitsmigration nach Moskau noch auf andere Weise die Mittel für ein Studium oder ein „Lösegeld" aufbringen können (ebd.). Wenn die jungen Männer Geld in der Migration ansparen, investieren sie Sitoras Worten zufolge ihren Lohn in einen Krankheits- oder Militärschein und können sich auf diese

---

19 Ein Militärschein ist die Bestätigung, dass man den Militärdienst abgeleistet hat.

Weise vor der Einziehung zum Militär schützen. Trotz alledem wird über die Vermeidung des Diensts nicht gerne gesprochen. Erst als ich meinen Interviewpartner Manučehr ganz konkret nach der Ableistung des Militärdienstes fragte, erwiderte er: „Genau deswegen bin ich jetzt gegangen, sonst hätten die mich eingezogen. Da dachte ich, nein, erst einmal werde ich lieber Geld verdienen."

„Man muss doch Geld verdienen"

Ein junger Arbeitsmigrant, Dilšod, mit dem ich in Moskau in einem juristischen Beratungszentrum über seine Arbeitsmigration sprach, argumentierte mit folgendem Erklärungsmodell:

> Man muss doch Geld verdienen. Wir sind sieben Kinder und ich bin der älteste von den Geschwistern. Irgendjemand muss die Familie doch ernähren (*pokormit'*), ich arbeite nicht, mein kleiner Bruder arbeitet nicht und die Schwestern auch nicht. Was wird dann zu Hause passieren, was essen wir dann? Es gibt kein Geld, es gibt durchaus Arbeit, aber Geld gibt es nicht, naja–, ein wenig Geld gibt es, aber alles geht drauf für Essen, Gas und Strom und ähnliches (Dilšod).

Die Aufgabe des Geldverdienens und der Versorgung der Familie fällt auf Dilšod als ältesten Sohn der Familie zurück, denn in der tadschikischen Familie hat der älteste Sohn eine besonders autoritative, damit aber auch verantwortungsvolle Position (Rahmonova-Schwarz 2012: 128–131). Mit Anbruch der Reife tritt er in die Fußstapfen des Vaters, er wird sowohl für die Ernährung der Familie als auch für die Erziehung der Geschwister zuständig (Roche 2010: 129–130). Wäre er arbeitslos, so Dilšod, könnte er in Tadschikistan diese Aufgabe nicht erfüllen, da es ihm an Geld fehlen würde, die Familie finanziell abzusichern. Dilšod relativierte seine Aussagen zur Arbeitslosigkeit – so wie es mir in Gesprächen in Moskau und Tadschikistan häufig erklärt wurde – mit der Einschränkung, dass Arbeitsplätze in Tadschikistan zwar vorhanden seien, der Lohn dann aber nicht für die Deckung aller Kosten ausreiche. Genügend Arbeit hätten die Geschwister gewiss auf den Feldern, die den Familien gehören. Die „Arbeitslosigkeit", die hier gemeint ist, bezieht sich auf das Fehlen eines guten Lohnes und der Chance, richtig Geld zu erarbeiten (*pul kor kardan*), nicht auf einen Mangel an Arbeit an sich. Ravšan thematisiert ebenfalls genau dieses Geldverdienen, das seine Altersgenossen nach Moskau lockt:

> Die Männer gehen wegen des Gehalts nach Russland, weil sie dort dreimal mehr verdienen. Das ist der Grund für die Migration. 10.000 Rubel ist genug, um zu überleben (*dlja proživanija*), und dann schicken sie [das andere] Geld ihrer Familie. Ich habe dieses Problem noch nicht, denn ich habe noch keine Familie (Ravšan).

Das hohe Einkommen in Russland wird auch von David als konkretes Motiv für die Arbeitsmigration genannt. Mit einem „russischen" Einkommen kann er sich selbst finanzieren und den Lebensunterhalt seiner Familie sicherstellen. Den Interviews zufolge verdienten zur Zeit meiner Forschung in Tadschikistan ungelernte junge Männer, die keine familiären Beziehungen zu wirtschaftlich und politisch einflussreichen Personen haben, zwischen 50 und 100 Dollar im Monat; in Russland erhalten sie nach Ravšans Darstellung – zum Beispiel als illegale Saisonarbeiter im Baugewerbe – das Dreifache. Die Höhe eines russischen Gehalts variiert von 350 Dollar bei Saisonarbeitern bis zu 1000 Dollar und mehr bei legal arbeitenden MigrantInnen mit Berufserfahrung (Umarov 2010: 21). Im Folgenden präzisiert Dilšod, warum er in Russland arbeiten bzw. Geld verdienen möchte:

> Dilšod: „Ich bin weggegangen, damit mein Vater und meine Mutter gut (*chorošo*) leben.
> W: Was bedeutet gut leben?
> Dilšod: [lange Pause] Einfach gut, [Pause] gut, gut (*prosto jachši, jachši, jachši*).
> W: Damit es etwas mehr gibt?
> Dilšod: Ja, man braucht etwas mehr. Wenn wir nur essen, dann ähneln wir doch den Tieren.

Das Bedürfnis nach einem Lebensstandard, der der Familie mehr als nur das reine Überleben („wenn wir nur essen") gewährt, ist ein Bedürfnis nach Menschenwürde. Auffällig ist an diesem Interviewausschnitt, dass Dilšod für die Umschreibung des guten Lebens das usbekische Wort *jachši* anstatt des russischen Ausdrucks für gut, *chorošo*, wählt. Dieses Code-Switching geschieht nicht zufällig an dieser Stelle. Das usbekische Wort *jachši* ‚gut' für die Beschreibung eines Lebensstandards impliziert im Tadschikischen beziehungsweise Usbekischen kulturspezifische Lebensbedingungen und einen bestimmten materiellen Wohlstand, für dessen Verwirklichung Dilšod „weggegangen" ist. Als ich ihn konkret auf die Adressaten seiner Rücksendungen anspreche, verweist Dilšod auf die hierarchische Familienordnung:

> Das Geld, das ich hier verdiene, schicke ich natürlich meinem Vater, er ist das Haupt der Familie; für sein Wohlergehen bin ich nach Russland gekommen, damit er sich ein Auto kaufen und die Ernteerzeugnisse zum Markt bringen kann.

Hier wird der Vater als Empfänger und Verwalter der Rücküberweisungen benannt. Da er der Hausherr ist und über die Ressourcen der Familie waltet, werden alle materiellen Errungenschaften ihm zugeschrieben. Mit der Investition in ein Auto beabsichtigt Dilšod, das familiäre Business, nämlich den Verkauf der eigenen Produkte auf dem Markt, anzukurbeln. Seine Aussagen zeigen, dass er seiner Rolle als ältester Sohn gerecht werden möchte und sich für das Familienbusiness engagiert. Der Autokauf ist Teil einer wirtschaftlichen Strategie für die Verbesserung des Lebensstandards. Dieses Vorgehen wird in NGO-Berichten als eine „Strategie der Armutsbekämpfung" angesehen (Jones et al. 2007). Dilšod fügte anschließend stolz hinzu, dass er mit den ersten in Moskau erworbenen Ersparnissen seinem Vater die *hağğ* (Pilgerfahrt nach Mekka) ermöglicht habe. Diese Investition in die *ritual economy*[20] ging demnach dem Autokauf, den er als Antrieb für die Migration darstellt, sogar noch voraus. Es wird deutlich, dass die Ermöglichung einer Pilgerfahrt für den Vater oder die Eltern auch ein wichtiger Bestandteil des „guten Lebens" ist, für das sich Dilšod mit seiner Arbeitsmigration einsetzt.

In der Schuld der Eltern stehen

David, der Kebab-Budenbesitzer, den ich in Moskau kennenlernte, begründet seine Migration nach Russland folgendermaßen:

> Wir müssen für die Eltern ein gutes Leben schaffen. Wir sind doch ihre Söhne, verstehst du? Sie haben uns großgezogen, sie haben wie eine Wand hinter uns gestanden, damit wir auf den Beinen stehen, verstehst du? Bis wir achtzehn oder spätestens zwanzig Jahre alt sind. Und jetzt müssen wir ihnen diese Schulden abbezahlen, verstehst du? Und die Eltern, sie sind doch die heiligsten Menschen auf dieser Erde, in unserem Leben überhaupt, das ist unsere Verpflichtung. Das sind unsere Schulden. Sie sind doch alt. Und wer ist ihre Kraft, wenn nicht wir? Wir! Wer ist ihre Kontinuität? Wir! Und unsere Nachkommen, unsere Kinder werden für uns da sein. Und so verläuft es in jedem Leben (David).

In diesem Interviewausschnitt wird die aus der Perspektive der tadschikischen Gemeinschaft idealtypische Eltern-Kind-Beziehung präsentiert. Die Erziehung eines in die Reife (*baloğat*) kommenden Kindes basiert auf Verinnerlichung von *hurmat*, das heißt Achtung und Respekt gegenüber den Eltern,[21] zumal diese, wie David betont, die „heiligsten Menschen auf dieser Erde" seien. Das Alter der Eltern und ihr Status verleihen ihnen unantastbare Autorität, die das Kind durch Achtung und Ehrerbietung anerkennt. Mit der tadschikischen Moralität argumentierend, unterstreicht David seine Dankbarkeit für die Fürsorge und Aufopferungsbereitschaft der Eltern während seiner Kindheit und Jugend. Aus diesem Verständnis heraus sieht er es als seine naturgegebene Pflicht an, eine angemes-

---

20 *Ritual economy* wird auf Seite 31 näher erläutert.
21 Das „*hurmat*-Prinzip" stellt die Basis der tadschikischen Moralität dar (Stephan 2010: 182–183).

sene Gegenleistung zu erbringen. Dem hier repräsentierten Prinzip der Reziprozität folgend, bricht mit der Volljährigkeit – seines Erachtens ab dem 18. oder 20. Lebensjahr – die Zeit einer Gegenleistung, der Rückzahlung dieser „Schulden" an (David). David ist ab dem Eintritt in das Erwachsenenalter für sein eigenes Wohl und das seiner Eltern zuständig, bis seine eigenen Kinder, sobald sie das entsprechende Alter erreichen („coming of age", vgl. Reeves 2012: 111), diese Rolle übernehmen werden. Um dieser beschriebenen Verpflichtung nachzukommen, hat sich David mit 20 Jahren entschieden, nach Moskau zu gehen, und das Motiv dient nach wie vor als Begründung für seinen andauernden Moskau-Aufenthalt. Dass Kinder ihre Eltern einfach unterstützen *müssen*, artikuliert auch Ravšan:

> Die jungen Männer müssen Geld schicken, sie müssen, sie müssen einfach. Sie müssen ihren alten Eltern und ihren Ehefrauen Geld schicken, sie müssen immer mit ihren Eltern bleiben (Ravšan).

Im Interview beschreibt Ravšan ein Band zwischen Sohn und Eltern, das beim Eintritt ins Erwachsenenleben nicht getrennt wird. Das „Müssen", das er so nachdrücklich betont, der Zwang zur Reziprozität, resultiert aus der moralischen Pflicht gegenüber den Eltern. Für die Verbildlichung dieser Verpflichtung ist die Metapher eines „intergenerationalen Vertrages" verwendet worden (Kabeer 2000: 465). Dieser „Vertrag" basiert auf einem Reziprozitätssystem: Die Eltern kümmern sich um die Kinder, solange diese noch jung sind, aber mit Beendigung der Schule oder des Studiums (der Zeitpunkt ist dehnbar) sind dann die Kinder für das Wohl der Eltern zuständig, was sowohl materielle als auch emotionale Unterstützung impliziert. Auch die Aussage von David entspricht dieser Regelung des sozialen Verhaltens zwischen Kindern und Eltern in Tadschikistan, die der „intergenerationale Vertrag" festlegt.

Das Konzept des „intergenerationalen Vertrages" führt zu Marcel Mauss (1994) und seinem Klassiker *Die Gabe*, in dem er das Prinzip der Reziprozität zwischen Individuen oder Gruppen thematisiert. Mauss' Theorie fußt auf der Annahme, dass der Akt des Gebens immer mit einer Verpflichtung einhergeht. Diese Gaben oder „Leistungen" (Mauss 1994: 22) basieren auf einem „Formalismus" und „Zwang" und verkörpern die Prozesse der Aushandlung von Macht in einer Gemeinschaft (ebd.: 18). Der Zeitpunkt der Rückgabe wird unter den involvierten Akteuren ausgehandelt (dazu Hollstein 2005). David nennt eingangs die Volljährigkeit („bis spätestens achtzehn oder zwanzig") als Zeitpunkt für die Wende, nach der die Rückgabe der Schulden einsetzen muss. Für Ravšan variiert der Zeitpunkt in Abhängigkeit von einer Ausbildungsmöglichkeit. Mauss (1994: 22ff.) geht davon aus, dass eine Gabe auch indirekt erwidert werden kann; indirekte

Reziprozität erscheint auch in „traditionellen Vorstellungen" von „Familiensolidarität". In einer solchen Perspektive wird Familie als Bedarfsgemeinschaft betrachtet, in der für die Bedürftigen Unterstützung erbracht werden muss (Hollstein 2005: 201). Mechanismen einer derartigen indirekten Reziprozität werden von Ravšan in Bezug auf tadschikische Familiensysteme aufgeführt:

> In Tadschikistan ist das Familiensystem anders, sehr anders und schwierig. Ich und mein Bruder, wir müssen von Geburt an der Familie helfen. Mein Bruder arbeitet und unterstützt mich gerade – damit ich mein Diplom machen kann, muss er mich unterstützen. Mein Bruder muss mir einfach helfen, er muss! In Europa gibt es Demokratie unter den Geschwistern, jeder kann sein Leben selbst bestimmen. In Tadschikistan muss man an die Familie denken. Das Familienoberhaupt ist der Vater. Man muss für den Vater arbeiten, damit er alles hat. Das, was er sagt, wird befolgt, alle seine Wünsche müssen befolgt werden (Ravšan).

Reziprozitätsverhältnisse sind in Tadschikistan nicht nur zwischen Eltern und Kindern in einer Familie gegeben, sondern auch zwischen den Geschwistern. Sie orientieren sich an den *family needs* (vgl. Hollstein 2005: 202) einer Bedarfsgemeinschaft, wobei Ravšan besonders betont, dass die Wünsche des Vaters im Vordergrund stehen. Ihm als Oberhaupt der Familie unterliegt die Redistribution der familiären Güter, und letztlich verfügt er über die Gewalt zu entscheiden, inwieweit etwa Ravšan ein Studium aufnehmen darf und von seinem Bruder dabei unterstützt werden muss. Das Konzept der Familiensolidarität ist vor allem in Ländern stark präsent, in denen es keine wohlfahrtsstaatliche Absicherung gibt (Hollstein 2005: 202). Zu diesen gehört zweifelsfrei auch Tadschikistan, ein Land, das von postsozialistischen Umwälzungsprozessen gezeichnet ist. Die daraus resultierende andauernd schwierige sozio-politische Lage im Land bewirkt Unsicherheit bei den Zurückbleibenden in Tadschikistan. Die Bindung der Nachkommen an den „Generationenvertrag" dient unter anderem der ökonomischen Absicherung der Eltern. Damit kann die Anerziehung des „*hurmat*-Prinzip[s] als eine Garantie für die spätere Altersvorsorge" verstanden werden (Stephan 2010: 184). Die Informanten präsentieren hier die Verinnerlichung dieser Moralität, indem sie, wie es bei David, Dilšod und Ravšan der Fall ist, daraus sogar die Legitimation für die Migration beziehen.

Das Familienbudget unterstützen

Mit dem Heranwachsen des Jugendlichen wächst sein Verantwortungsbewusstsein für die Familie. Das von David eingangs aufgeführte Erklärungsmodell dient vielen jungen wie älteren tadschikischen Männern als Begründung für die Migration nach Russland. Der jüngste meiner Interviewpartner, Manučehr, nimmt ebenfalls ansatzweise Rückgriff auf dieses Paradigma. Ich lernte ihn am dritten Tag nach seiner Ankunft in Moskau – es war seine erste Reise ins Ausland – an einem Gemüsestand am Stadtrand Moskaus kennen. In seiner Adaptionszeit, während seine Verwandten sich nach einem Arbeitsplatz für ihn umhörten, half er bei seiner Tante Sitora am Gemüsestand aus. Der 17-jährige, durch seine Rundungen noch kindlich wirkende junge Migrant bewegte sich merklich unsicher in dem Gemüseladen und traute sich noch nicht, mit den Kunden auf Russisch zu sprechen, obwohl ihm seiner Einschätzung nach die Sprache durch das Fernsehen schon sehr vertraut war. Er stellte seine Situation folgendermaßen dar:

> Ich bin neun Jahre zur Schule gegangen. Danach habe ich angefangen zu arbeiten. Meine Eltern haben einen Laden in Tadschikistan und ich verkaufte dort. Wir haben den Laden erst seit anderthalb Jahren. Mein Vater hat in Russland Geld verdient und mit diesen Geldern haben wir dann den Laden aufgemacht. Ich bin nach Russland gekommen, da wir Probleme hatten und ich meiner Familie helfen muss. Wir haben einen Kredit, den wir abbezahlen müssen. Wir haben in Tadschikistan eine Krise. Es gibt kein Geld und keine Arbeit. Aber alles dreht sich nur ums Geld und alles ist so teuer geworden. Zum Lernen brauchst du Geld. Ich hatte die Möglichkeit, hatte das Talent zum Lernen, aber ich hatte keine Lust zu lernen. Ich bin der älteste Sohn meiner Familie. Es gibt noch eine ältere Schwester, sie ist aber noch nicht verheiratet, also musste ich gehen (Manučehr).

Aus diesem Ausschnitt lassen sich viele interessante Bezüge zu den Umständen herstellen, die einen jungen Mann für die Migration motivieren. Als erstes beschreibt Manučehr einen konkreten Sachverhalt: Er nennt einen Kredit, der zur Investition in einen kleinen Einkaufsladen aufgenommen wurde und der jetzt abbezahlt werden muss. Da er der einzige Sohn in der Familie sei, müsse er sich um sämtliche „finanzielle Probleme" der Familie kümmern, eine Verpflichtung, welche laut Rahmonova-Schwarz nicht nur die ältesten Söhne der Familie, wohl aber die einzigen Söhne in der Familie tragen müssen (2012: 133).

Aufgrund seiner Position in der Familie hat er schon nach der neunten Klasse die Schule beendet und ist ins Familienbusiness eingestiegen. Eine weiterführende Ausbildung kam für ihn nicht in Frage, obwohl er seiner eigenen Einschätzung nach das Talent für die Universität gehabt hätte. Gleichzeitig hat ihm nach eigener Aussage die Motivation zum Lernen in ähnlicher Weise gefehlt, wie dies auch Aliğon (vgl. S. 38–39) und Ravšan repräsentativ für viele von ihren Altersgenossen beschreiben. Manučehr erwähnt auch die hohen Kosten einer weiterführenden Ausbildung als einen bestimmenden Faktor, der ihn vom Studium abgehalten habe. Er betont im Interview die Signifikanz des Geldes im postsowjetischen Tadschikistan: „Alles dreht sich nur ums Geld" – eine Aussage, die in jedem Interview in verschiedenen Kontexten vorkommt und auf einen Tatbestand verweist, der durch die Informanten als eine alle Lebensbereiche betreffende postsozialistische Entwicklung konstatiert wurde (Manučehr; Dilšod; David). In diesem Zusammenhang erwähnt Manučehr besonders die mit der allgemeinen Inflation gestiegenen Kosten für Hochzeitsfeiern, die infolge des Fehlens von Arbeitsplätzen und durch die geringen Löhne im Land nur noch über eine Migration nach Russland bestritten werden können. Mit den Einnahmen aus dem kleinen Lebensmittelladen könne zwar die Familie ernährt werden, für rahmensprengende Extraausgaben wie Hochzeitsfeiern – er spricht von 6000 US-Dollar pro Hochzeit,[22] sei es die eigene, zu der er den Brautpreis (*qalin*) hinzuzählt, oder die der Schwester – reiche das Familienbudget jedoch nicht aus. Ob für Manučehrs Migration letztlich die Flucht vor dem Militärdienst, die Finanzierung der Hochzeitsfeiern oder die Tilgung des Kredites ausschlaggebend war, wird erst feststellbar sein, sobald bekannt ist, wie sein Lohn investiert wurde. Festzuhalten ist, dass sich fast alle von ihm beschriebenen Motive – ein weiteres wird später erläutert – auf die Unterstützung des Familienbudgets beziehen.

Die Finanzierung einer oder mehrerer kostspieliger Hochzeiten wurde (neben der Beihilfe zum Lebensunterhalt der Familie) von mehreren Informanten als Motiv für die Migration genannt (Aliğon; Dilšod; Manučehr). Dass Eheschließungen für junge zentralasiatische Männer zu einem Beweggrund für die Migration avancieren, thematisieren auch Delia Rahmonova-Schwarz (2012) und Madeleine Reeves (2012). Sie zeigen auf, dass aufgrund einer Aufwertung von religiösen Zeremonien im postsowjetischen Zentralasien und durch die daraus resultierenden gestiegenen Kosten für die Riten des Lebenszyklus – beispielsweise Hochzeitsfeiern – viele junge Männer für die Finanzierung der „ritual economy" (Reeves 2012: 114) der eigenen Familie in die Migration nach Russland gehen (Rahmonova-Schwarz 2012: 113; Reeves 2012: 125 f.). Während die einen nach Moskau migrieren, um für ihre bevorstehende Hochzeit Geld zu erarbeiten, gehen andere junge Männer kurz nach ihrer Heirat, da sie die Schulden tilgen müssen, welche die Familie für ihre Verheiratung auf sich genommen hat (Rahmonova-Schwarz 2012: 220). Wie Manučehr und andere Informanten berichten, werden mit den Ersparnissen aus der Migration nicht nur die eigene Hochzeit (*tūj*) und der Brautpreis (*qalin*) finanziert, sondern auch die Heirat der Schwestern oder Brüder. Für die Verheiratung sorgen in Tadschikistan gemäß dem Senioritätsprinzip die Eltern (Harris 2005: 84); sie sind für die Finanzierung der Hochzeitsfeiern bzw. des

---

22 Alle Informanten, die mit ihrer Migration eine Heirat finanzieren wollen, sprechen von einem Kostenaufwand von 5000–6000 US-Dollar. Auch wenn die tatsächlichen Kosten darunter liegen mögen, scheint diese Summe einer gewissen repräsentativen Norm zu entsprechen.

Brautpreises zuständig (Harris 2004: 105). Wenn die jungen Männer das Geldverdienen für ihre eigene Hochzeit als Grund für ihre Migration nennen, so spielt also indirekt das Motiv, die Eltern zu unterstützen, mit hinein, da eigentlich diese für die Initiierung des Übergangsritus Heirat verantwortlich sind. Andere Informanten sehen das Motiv der Finanzierung von Hochzeiten zunehmend in den Hintergrund treten, was sich in folgender Aussage manifestiert:

> Ja, als es die staatliche Regelung zu den Hochzeitsfeiern (*tüj*) nicht gab, da sind Männer zwei bis drei Jahre kontinuierlich nach Russland gegangen und haben dort gearbeitet. Danach haben sie eine aufwändige, teure Hochzeit gefeiert. Jetzt gibt es das Gesetz. Jetzt gehen die Leute nicht mehr nur wegen der Hochzeit, sondern für die eigene Zukunft, das eigene Leben. Ich bin nicht für die Hochzeit gegangen, ich bin für die Uni gegangen (Anvar).

Das hier angesprochene Gesetz wurde vom tadschikischen Parlament im Jahre 2007 erlassen; es legt die Dauer und die maximale Größe der Hochzeitsfeier sowie die Höchstzahl der Gäste fest (Reeves 2012: 113). Solche Regelungen sollen verhindern, dass alle *remittances* aus Russland für rituelle Anlässe ausgegeben werden (ebd.), sodass die Männer nach einer Hochzeit direkt wieder in die Migration gehen müssen.

Zwischen Studienwunsch und Engagement für die Familie

Ich traf Anvar in Chudschand, ein Jahr nachdem er aus Moskau wieder zurückgekehrt war. In einem Interview umschrieb er, in ähnlicher Weise wie die bereits zitierten jungen Männer, die familiären Umstände, die ihn zu seiner Arbeitsmigration bewogen hatten. Er hatte sein Studium in Tadschikistan im zweiten Studienjahr abgebrochen, da er sich zur Absicherung des Lebensunterhalts der Familie verpflichtet fühlte:

> Die Lebensumstände meiner Familie wurden schwierig. Es gab keine Möglichkeit mehr für mich weiterzustudieren. Mein Vater ist während meines ersten Studienjahres nach Moskau gegangen. Er arbeitete zwei Jahre dort. Danach ist mein kleiner Bruder auch nach Moskau gegangen. Dann kam ich ins zweite Studienjahr, und dann sah ich, dass mein Vater alt geworden war (*pir šud*). Ich war hier und mein Vater dort, das hat mir nicht gefallen. Ich wollte nicht, dass mein Vater dort [in Moskau] leidet (*azob kašid*), während ich hier lerne. Ich sagte meinem Vater, dass ich auch nach Moskau gehen möchte. Mein Vater sagte ‚nein, geh nicht!' Er hat mir aber dann das Geld für das Flugticket geschickt, und ich bin gegangen (Anvar).

Die Einsicht über das Älterwerden des Vaters und die Verantwortung, die damit für ihn selbst einhergeht, brachte Anvar dazu, das Studium zu unterbrechen und den Weg der Migration einzuschlagen. Auch wenn seiner Aussage nach der Vater gegen den Abbruch des Studiums war, so hat Anvar doch seinen Willen durchgesetzt und die Rückkehr des Vaters nach Tadschikistan bewirkt. Anvar hebt in dem Interview hervor, dass er die Entscheidung für die Migration selbst getroffen habe, aber letztlich war es doch der Vater, der durch die Zahlung des Flugtickets Anvars Reise nach Moskau ermöglichte. Der Vater trat die Rückreise nach Tadschikistan erst mehrere Monate nach Anvars Ankunft in Moskau an:

> Der Winter kam, der Januar, und dann habe ich meinem Vater gesagt, dass es genug ist, jetzt werde ich für dich arbeiten, und später werde ich die Ausbildung weiter fortsetzen. Ich habe meinen Vater dann wegschicken können (Anvar).

Die Familie hatte Anvar ein Bildungsmoratorium[23] ermöglicht. Nur mit dem Versprechen, das Studium später noch abzuschließen, konnte er seinen Vater zur Rückkehr bewegen. Anvar zeigt deutlich, dass es seine Priorität war, gemeinsam mit seinem Bruder die Rolle des Geldverdieners in der Familie zu übernehmen. Nach einem einjährigen („ich war genau ein Jahr und zehn Tage in Moskau") Aufenthalt in Russland hat der ältere Bruder Anvars Arbeitsplatz in Moskau übernommen. Sein jüngerer Bruder beendete lediglich die Schule und ging Anvars Worten zufolge danach nach Moskau. Mittlerweile unterstützten beide Brüder die Familie finanziell, wodurch Anvar selbst seine persönlichen Ersparnisse in die Wiederaufnahme des Studiums investieren konnte. Zum Zeitpunkt unseres Gesprächs war er im vierten Studienjahr in Wirtschaft und Handel und glücklich über die Wahl seines Studiums. Diese Chance resultierte gleichwohl aus seiner privilegierten Position: Von einem mittleren Bruder wird in der tadschikischen Familie weniger finanzielle Unterstützung der Familie verlangt als vom ältesten Bruder (Rahmonova-Schwarz 2012: 128), und ihm werden in Bezug auf Zukunftspläne die meisten Freiheiten zugestanden (Roche 2010: 212–213); darüber hinaus hat er geringere Verantwortung für das Wohlergehen der alternden Eltern zu tragen als der jüngste Bruder, der im elterlichen Haus (*havlī*) wohnen bleibt (ebd.: 212).

Zūhro, die an einer Schule in Chudschand lehrt, erklärte mir, dass – wie bei Anvar zu sehen – bei den Heranwachsenden der Wunsch nach einer weiterführenden Ausbildung sehr groß ist. Sie beobachtet ein Ansteigen der Zahl von Familien, die mit allen Kräften versuchen, ihren Kindern ein Studium zu finanzieren. Diese Entwicklung liegt ihrer Einschätzung nach auch an der Arbeitsmigra-

---

23 Als „Bildungsmoratorium" (Zinnecker 1991) wird eine Verlängerung der Jugend für den Bildungserwerb verstanden. Die Phase des Übergangs in berufliche und familiäre Erwachsenenlaufbahnen wird ausgedehnt.

tion, da die MigrantInnen in der Migration erleben, welche Berufsmöglichkeiten eine Ausbildung eröffnet:

> Sie fahren nach Russland und dann schicken sie Geld, damit die Schwestern und jüngeren Brüder lernen. Sie denken, wenn schon ich nicht weiterlernen kann, dann sollte zumindest *einer* aus der Familie eine gute Ausbildung erhalten (Zühro).

Zühro stellte bedauernd fest, dass trotz des Wunsches nach einer guten Ausbildung viele junge Männer das Studium abbrechen – eine Entwicklung, die sich auch im ILO-Bericht widerspiegelt: 11 Prozent der MigrantInnen waren vor ihrer Migration StudentInnen (ILOa 2010: 14). Zühro beschreibt, wie der Migrationsgedanke bei den Heranwachsenden entsteht:

> Sie wissen, dass sie, wenn sie lernen wollen, Geld brauchen. Was die Eltern verdienen, reicht doch nicht. Denn die günstigste Universität kostet 400 Dollar im Jahr. Woher sollen die Eltern so viel Geld nehmen? Das Kind sitzt zu Hause und denkt nach: erst mal sammle ich Geld für mich, etwa 400 Dollar, zumindest ein kleines Budget, und dann werde ich lernen (Zühro).

Für das Studium und die Arbeit nach Moskau gehen

Auch für ein selbstständig finanziertes Studium gehen junge Menschen nach Moskau. Zu ihnen gehören Ferūz und Šarif. Beide hatten schon in Tadschikistan erfolgreich studiert und entschieden sich für eine Fortführung des Studiums in Moskau. Mit folgenden Ambitionen war Ferūz zwei Jahre zuvor nach Moskau gekommen:

> Mein Ziel ist, hier meinen Doktor zu machen und gleichzeitig zu arbeiten. Ich möchte die russische Gesetzgebung mit der tadschikischen vergleichen und sehen, wie sie in die Praxis umgesetzt wird. Also, ich studiere hier und arbeite in einer Stiftung als Jurist. Hier versuchen wir zusammen mit den anderen Mitarbeitern nach Möglichkeit den tadschikischen Migranten zu helfen (Ferūz).

Ferūz ging in die Migration, um seine persönlichen Ziele zu verwirklichen und gleichzeitig finanziell von seinen Eltern unabhängig zu werden. Die Kombination aus Studium und Arbeit wählen junge TadschikInnen zunehmend (Kasymova 2007), obwohl für die Aufnahmeprüfungen an russischen Universitäten sehr gute Russischkenntnisse und Fachkenntnisse vorausgesetzt werden, die viele tadschikische StudentInnen nicht vorweisen können (Ferūz; Šarif). Ferūz thematisiert im Interview seine privilegierte Situation, die es ihm ermöglicht, sich vollkommen auf das schwierige Jurastudium zu konzentrieren:

> Wenn ich ehrlich bin, dann helfe ich meiner Familie gerade nicht. Meine Mutter und mein Vater arbeiten, und deswegen muss ich ihnen nicht helfen. Ich muss schon für das Studium, das Zimmer in Moskau und so weiter genügend Geld aufbringen (Ferūz).

Da er Geld verdient und sich auf dem Weg zum Erwachsensein befindet, müsste Ferūz den Aussagen seiner Altersgenossen entsprechend eigentlich den Eltern finanzielle Unterstützung leisten. Angesichts dieser verbreiteten repräsentierten Ansicht klingt seine Aussage wie ein Eingeständnis, versagt zu haben. Als Legitimationsgründe führt Ferūz die Berufstätigkeit der Eltern und die hohen Lebens- und Studienkosten in Moskau auf. Auch Šarif, der schon drei Jahre in Moskau studiert, ist nicht für die Lebensabsicherung der Familie in Tadschikistan zuständig. Sein Vater arbeitet seit mehreren Jahren in Moskau und versorgt die Familie in Tadschikistan mit seinem Gehalt, solange Šarif die Ausbildung noch nicht abgeschlossen hat (Šarif).

Kabeer (2000: 473 ff.) beschreibt, dass Investitionen in die Bildung der Kinder vom Vorhandensein von Ressourcen und von den strategischen Überlegungen der Eltern abhängen. Sie geht davon aus, dass Eltern ihr Einkommen in die Ausbildung der Kinder investieren, weil sie erwarten, davon auch selbst zu profitieren.

Im postsozialistischen Tadschikistan hat Bildung einen neuen Stellenwert erlangt. Neben der Heirat ist auch das Universitätsdiplom ein Marker für den Übergang ins Erwachsenenleben geworden (Stephan 2010: 176). Eine gute Ausbildung symbolisiert Reifung und finanzielle Selbstständigkeit. Mit dem Universitätsabschluss ist die Hoffnung auf einen gut bezahlten Arbeitsplatz verbunden. Erfüllt sich diese Hoffnung, so profitieren auch die Eltern von der Ausbildung der Kinder, indem, wie Kabeer (2000) es beschreibt, dann der Zeitpunkt gekommen ist, die Gegenleistung für die Eltern zu erbringen.

Der Bildungswunsch als Legitimierungsgrund

Während des Aufenthalts bei Aliğons Schwester Zūhro in Tadschikistan im Herbst 2010 hatte ich die Möglichkeit, mit ihr über die Migration ihres jüngeren Bruders zu sprechen. Aus den Gesprächen ging hervor, dass die Eltern allen fünf Geschwistern ein Studium ermöglichen wollten. Der Vater hatte eigens eine Wohnung in Kulob gekauft, da es in der ländlichen Region, in der die Familie ihr Anwesen hat, nur begrenzte Bildungsmöglichkeiten gab. Obwohl der Vater Aliğon aufgefordert hatte, ein Studium anzufangen, entschied dieser sich dagegen:

> Als Aliğon die Schule abgeschlossen hat, hat unser Vater gesagt, fang an zu studieren. Aliğon sagte zum Vater: ,Aber nein, wofür denn, es ist an der Zeit (*vaqt šud*)! Sie (Vater)

haben so viel für meine Schwestern und Brüder getan, jetzt möchte ich selbst für meine Zukunft Geld verdienen. Danach werde ich die Ausbildung schon selber finanzieren' (Zūhro).

Aliğon, das jüngste Kind in der Familie, hat das Arbeitsleben in Moskau einem Studium vorgezogen, obwohl er Zūhro zufolge alle Voraussetzungen gehabt hätte, in Tadschikistan zu studieren. Als Grund für die Ablehnung eines vom Vater gewährten Bildungsmoratoriums gibt Aliğon den Wunsch an, den Vater zu entlasten. Zūhro zitiert aus dem Gespräch zwischen Vater und Sohn die Worte *vaqt šud* (‚es ist an der Zeit'), mit denen Aliğon für sich den Zeitpunkt für den Übergang ins Erwachsensein als gekommen erklärt. Er entscheidet sich gegen die weitere finanzielle Unterstützung während einer Studienzeit, die der Vater allen Geschwistern gewähren wollte. Zūhro verdeutlicht in diesem Abschnitt, dass Aliğon die Verantwortungsübernahme für seine eigene Zukunft vor seiner Familie demonstriert. Während des Interviews wechselte Zūhro zwischen Tadschikisch und Russisch. Den Dialog gibt sie auf Russisch wieder, lediglich die beiden Worte *vaqt šud* werden von ihr auf Tadschikisch zitiert. Diese besondere Wort- und Sprachwahl, ihr Code-Switching, verweist darauf, wie kulturspezifisch der Lebenszyklus des heranwachsenden tadschikischen Mannes konzipiert ist. An dieser Interviewstelle enthüllt Zūhro, dass Aliğon seine Migrationsentscheidung durch die Berufung auf ein kulturspezifisches Legitimierungsmuster durchsetzen konnte. Obwohl Aliğon der Anweisung des Vaters nicht nachkommt und kein Studium antritt, erfährt sein Verhalten in der Gemeinschaft Akzeptanz, denn durch die Art und Weise seiner Argumentation beweist er *hurmat*, also Achtung und Wertschätzung für den Vater und dessen bereits geleistete moralische und finanzielle Unterstützung. Darüber hinaus entspricht die artikulierte Migrationsabsicht dem Wunsch des Vaters, das Studium – wenn auch zeitlich verzögert – weiterzuführen, und zwar dann selbstständig finanziert.

Der Ausdruck „es ist an der Zeit" markiert den Beginn einer neuen Lebensphase, die für den tadschikischen jungen Mann die Übernahme der Verantwortung für den eigenen Lebensunterhalt impliziert. Zūhro erklärt allerdings, dass für Aliğon damals gar kein Zwang bestand, schon ins Arbeitsleben überzutreten.

Meine Brüder, meine Schwester, sie haben alle gelernt. Bis sie die Ausbildung beendeten, hat Papa ihnen alles bezahlt. Die haben alle bis zum fünften Kurs in ihrem Leben niemals arbeiten müssen. Sie haben das ganze Leben nur gesessen und gesagt ‚Papa, das Geld ist alle, Papa, ich brauche Geld zum Lernen, Papa, ich habe kein Geld mehr in der Tasche'. Die ganze Zeit hat er ihnen alles gegeben. Das heißt, er hat ihnen nach der Beendigung des Studiums eine Wohnung gekauft, sie verheiratet und alles für sie getan, alles was sie brauchten (Zūhro).

Zŭhro betont die Großzügigkeit des Vaters und kommentiert das Verhalten ihrer Geschwister kritisch, die diese Hilfe passiv und ohne Arbeitseinsatz angenommen hätten. Die finanzielle Lage der Familie ließ es zu, dass der Vater alle Kinder unterstützen konnte. Für die Wohnung und die Hochzeitsfeiern seiner älteren vier Kinder hatte er allein die Finanzierung übernommen. Er ist seiner väterlichen Pflicht vorbildlich nachgekommen. Nur Aliğon wollte es anders. In der folgenden Passage enthüllt sich, dass Aliğon nicht den gleichen Lebensweg wie die älteren Geschwister einschlagen wollte.

Die Verlockung des schnellen Geldes

Wenn die Eltern ein Studium nicht mehr finanzieren wollen oder können, endet die Zeit des Kindseins und die Phase des Zurückgebens tritt ein (David). Wie lang die Ausbildung der Kinder unterstützt wird, ist Ermessenssache der Eltern oder unterliegt einem Aushandlungsprozess in der Familie. In Zŭhro und Aliğons Familie war der Vater sehr bemüht, allen Kindern einen Universitätsabschluss zu ermöglichen. In der Lebensphase des Studiums wurden vier seiner fünf Kinder vollständig unterstützt. Aliğon, dem den Worten seiner Schwester zufolge das gleiche Recht zugestanden hätte, entschied sich gegen eine Verlängerung des Abhängigkeitsverhältnisses. Ravšan bietet eine Erklärung dafür, warum junge Männer wie Aliğon und viele seiner Altersgenossen die Migration nach Russland einem Studium vorziehen:

> Die Menschen denken, ich werde dort [in Moskau] arbeiten, wozu soll ich dann noch Geschichte und Mathematik lernen. Die Gelehrten, oder diejenigen mit einer höheren Ausbildung, arbeiten genau so wie die ohne, wofür soll ich da noch meine Zeit für das Lernen opfern und nach der Schule auf die Uni gehen. Dann gehe ich doch lieber direkt zum Basar und arbeite dort. Sie denken nur an den heutigen Tag. Ihr [Europäer] dort könnt euch eure Welt frei gestalten, aber wir nicht. Wir wissen, dass wir die Möglichkeiten nicht haben, und deswegen denken wir nur daran, was wir heute verdienen können. Heute verdienen wir 20 Somoni[24] und morgen gar nur 10, aber weiter denken wir nicht (Ravšan).

Aus dem Ausschnitt ist deutlich herauszuhören, dass in Tadschikistan eine weiterführende Ausbildung kein Garant für eine besser bezahlte Arbeit ist. Viele der InterviewpartnerInnen in Tadschikistan und in Moskau haben den Wunsch nach Bildung, sehen aber gleichzeitig klar, dass sie mit einem Universitätsabschluss keine besseren Chancen haben würden. Ravšan beschreibt als charakteristisch

---

24 In 2011 betrugen 20 Somoni weniger als vier Euro.

für die jungen Menschen in Tadschikistan, dass es ihnen aufgrund der instabilen Lage des Landes an einer Zukunftsperspektive fehle, sodass sie nur an die Gegenwart denken würden. Mit den Worten „ihr könnt eure Welt frei gestalten, aber wir nicht" macht er deutlich, in welch einem determinierten System die Jugendlichen aufwachsen. Ihre Zukunft ist durch ihre Rolle in der Familie vorbestimmt, denn die Geburt in eine bestimmte Familie entscheidet über den Lebensweg eines jungen Mannes (Ravšan). Sobald der Zeitpunkt für das Erwachsenwerden bzw. sein gekommen ist, wird er Geld verdienen müssen (Ravšan). Solange der junge Mann – wie die meisten meiner Interviewpartner – noch keine Kinder hat, kann er Geld für sich zurücklegen.

Alle jungen und auch älteren Interviewpartner, die nicht studierten, betonten, dass in Tadschikistan ohne eine Verbindung zum jeweils amtierenden politischen Lager sogar trotz eines Diploms bessere Berufschancen nicht existieren würden (Aliğon; David; Parviz). Zühro, die Schwester von Aliğon, die durch ihren Studienabschluss ein gesichertes Einkommen hat, berichtet von Diskussionen, die sie mit ihrem jüngeren Bruder hinsichtlich der Bedeutung eines Abschlusses führte:

> Wir haben meinem jüngsten Bruder gesagt, irgendwann wirst du ein Studium abschließen müssen. Du wirst eine höhere Ausbildung brauchen. Er antwortete darauf: Und was habe ich davon? Mein älterer Bruder hat eine höhere Ausbildung und arbeitet für 300 Somoni! [Sein Bruder] wäre doch dumm, er habe die Uni mit Auszeichnung (*krasnyj diplom*) absolviert, und damit solle er jetzt als Anwalt für 300 Somoni arbeiten. ‚Bin ich denn doof (*durak štoli*)', sagt er [Aliğon] dann. Das will er nicht. Dafür habe er nicht fünf Jahre studiert. Und jetzt verdient er 40.000 russische Rubel, anderthalbtausend Dollar im Monat. Auch wenn er in der Bank eine Arbeit fände, würde er in Tadschikistan [mitsamt Abschluss] nur 200 Dollar verdienen. Was nützt ihm das? Deswegen will mein kleiner Bruder nicht mehr studieren. Wir versuchten ihn zu zwingen, denn jeder Mensch sollte Bildung besitzen. Aber nachdem er das große Geld gesehen und verdient hatte, wollte er nicht mehr studieren. Er weiß, dass er auch ohne diese Kenntnisse gut verdienen kann. Er sagt: ‚Seht, die Schwester hat den Universitätsabschluss, und dann – was hat sie da schon für einen Lohn! Sie hat da 100 Dollar, und was wird sie damit schon anstellen können? Und ich kann 1000 Dollar verdienen, ohne Studienabschluss' (Zühro).

In der dargestellten Diskussion zwischen den Geschwistern wird das Gehalt in Russland, das man mit physischer Kraft erarbeitet, dem Verdienst in Tadschikistan gegenübergestellt, den man mit einem abgeschlossenen Studium erzielen kann. Aus dem zitierten Dialog geht hervor, dass Aliğon in Moskau innerhalb kürzester Zeit fünfmal mehr als sein Bruder verdient, der ein Juradiplom mit Auszeichnung hat. Durch diese Erkenntnis erscheint ihm eine Investition in die eigene höhere Bildung überflüssig. Vor seiner ersten Migration nach Russland hatte er der Familie noch versprochen, mit dem Geld aus der Migration sein Studium zu finanzieren (ähnlich wie das bei Anvar der Fall war). Aligons Schwester und Eltern erinnern ihn an sein Versprechen und versuchen ihn von dem moralischen beziehungsweise gesellschaftlichen „Muss" eines Diploms zu überzeugen (Zühro). Aber „Aligon hat das große Geld gesehen", er verdient viel Geld, ohne dafür jemals „eine Universität von innen gesehen zu haben" (Zühro). Trotz der Sorgen, die viele Eltern in Tadschikistan durch die Migration ihrer Söhne haben (Roche 2010: 311), ist während des Migrationsaufenthaltes etwas aus Aligon geworden, wie es formuliert wird. In den Gesprächen, die ich in Moskau mit ihm führte, wurde jedoch auch deutlich, dass Aligon zwar stolz auf sein regelmäßiges Einkommen ist („Ich verdiene 1000 Dollar im Monat!"), dass er den Studienabschluss und den hohen Bildungsstand seiner Schwester aber auch sehr schätzt („meine Schwester kann dafür fünf Sprachen").

Die in der Diskussion zwischen den Geschwistern angeführten Kalkulationen lassen das Risiko, das ein Leben in Moskau mit sich bringt, außen vor. Auch die räumliche Distanz zu den Verwandten, die Aligon im Laufe seines Interviews als schmerzhaft beschreibt, fließt nicht in die aufgestellte Kosten-Nutzen-Rechnung ein. Diese Art von selektiver Berechnung ist es, die nach Ravšans Meinung die jungen Männer seines Alters von einem Studium abbringt. So wie Aligon es darstellt, rentiert sich weder die Mühe noch die Zeit, die für ein Studium aufgebracht werden müsste.[25] Im Interview mit Anvar wiederum zeigt sich, dass der Aufenthalt in Moskau durchaus nicht jeden jungen Mann vom Vorhaben eines Studiums abbringt. Anvar hat trotz seines Aufenthalts in Russland – auch er hatte das große Geld gesehen – sein Studium wieder aufgenommen. Er beabsichtigt keinen weiteren Moskauaufenthalt, da ein solcher zu viele Risiken in sich berge und er sich nach der Beendigung seines Studiums gute Arbeitsmöglichkeiten in Tadschikistan verspricht (Anvar).

Realisierung der Arbeitsmigration nach Moskau

Über Struktur und Richtung der Migrationsflüsse kann eine Untersuchung des sozialen Netzwerks von MigrantInnen Aufschluss geben. Migrationsnetzwerke

---

25 Zaurbekov (2007) stellt allerdings anhand eigener Untersuchungen heraus, dass durch die Einsparung der hohen Kosten der Migration (Flugticket, Lebenshaltungskosten in Moskau etc.) ein Mann mit einem Durchschnittseinkommen in Tadschikistan auf Dauer bei geringerem Arbeitsaufwand und besseren Arbeitsumständen letztlich ähnlich große Ersparnisse zurücklegen könne wie durch einen Migrationsaufenthalt in Russland.

sind in vielen Fällen entscheidender für das Fortbestehen transnationaler Migrationsprozesse als politische Gegebenheiten. Man kann so von Migration als einem „sich selbst erhaltenden sozialen Prozess" (Grasmuck und Pessar 1991: 15 f.) sprechen. Auch an der andauernden von Migrationsbewegung von TadschikInnen nach Russland lässt sich erkennen, welche zentrale Rolle Migrationsnetzwerke spielen. Es gibt weder staatliche Institutionen, welche die Migration erleichtern könnten, noch hilfreiche Abkommen zwischen Ausgangs- und Ankunftsland. Deswegen spielt die soziale Institution *avlod*, ‚Familienverband', über welche das Migrationsprojekt eines zukünftigen Migranten überprüft, abgesegnet und organisiert wird, eine zentrale Rolle (Khusenova 2010: 281–282). Damit der Migrationsweg nach Russland eingeschlagen werden kann, werden also Ressourcen des *avlod* eingesetzt; die Kosten für das Flugticket nach Moskau, die sich um 2010 auf 500–600 Dollar beliefen, werden zumeist aus dem Familienbudget aufgebracht (Umarov 2010: 14). Zunehmend müssen jedoch auch Bankkredite dafür in Anspruch genommen werden (ebd.). Anvar, Aliğon und Andere bekamen das Geld für ihr Flugticket von ihren Vätern zugeschickt, die bereits in Moskau arbeiteten. Da nur wenige künftige Arbeitsmigranten die erforderliche Geldsumme eigenständig aufbringen können, wird deutlich, dass die Familie bzw. die Eltern als Kern des Netzwerks durch die Mitfinanzierung des Tickets über die Entscheidungsgewalt bezüglich der Ausreise verfügen.

Die Arbeitsmigration nach Russland ist mittlerweile aufgrund der gestiegenen Preise für Flugtickets und der schärferen Kontrollen in Russland schwieriger geworden. Vom ersten Gedanken an Arbeitsmigration und dem Entschluss innerhalb des familiären Netzwerks über die Planung von Anreise und Aufenthalt des Arbeitsmigranten und die Geldbeschaffung bis hin zur letztlichen Verwirklichung ist durchweg die Hilfsbereitschaft und Solidarität von Akteuren des Netzwerks essentiell. Die Netzwerke beschränken sich nicht nur auf das Vermitteln von Arbeit und Wohnung; sie weisen die Arbeitsmigranten auch in die spezifischen Gegebenheiten des Ankunftslandes ein und stellen Verhaltensregeln auf (Sitora).[26]

In verschiedenen Studien zur internationalen Migration wird die Anfangszeit der Migration als eine besonders schwierige und wenig gewinnbringende Zeit beschrieben (vgl. Cohen und Sirkeci 2011: 99). Die MigrantInnen müssen finanzielle Mittel für ihre Unterkunft aufbringen, gegebenenfalls eine Arbeit finden und in der Zwischenzeit in den teuren Metropolen der Welt überleben. Erst wenn sie sich im neuen Umfeld eingerichtet haben, können sie Geld für die Familie beiseite-

---

26 Das Migrationsnetzwerk der ArbeitsmigrantInnen mit Hilfe einer Netzwerkanalyse zu definieren oder gar einzugrenzen, konnte in dieser Arbeit nicht geleistet werden.

legen (ebd.: 99–100). Zaurbekov (2007) und meine InterviewpartnerInnen sind sich einig darin, dass die Adaptionszeit (*adaptacija*) aufgrund fehlender Sprachkenntnisse, bürokratischer Hürden und der schweren Arbeitsbedingungen in Moskau besonders schwierig ist. Deswegen spielen in der ersten Phase bereits bestehende Netzwerke eine besonders wichtige Rolle. Über sie finden die Arbeitsmigranten sowohl einen vorübergehenden Schlafplatz als auch eine Arbeitsstelle (Dilšod; Aliğon; vgl. Cohen und Sirkeci 2011: 99ff.).

Sitora, die ihren 17-jährigen Neffen Manučehr in das Migrationsleben einwies, als dieser zum ersten Mal nach Moskau kam, gab noch einen weiteren Grund an, warum die Anfangsphase in Moskau besonders schwierig ist:

> Wenn du hier ein, zwei Monate ohne Arbeit bleibst – weißt du, was du dann schon für Schulden hast, die Wohnung und die Dokumente, das ist alles viel Geld! Deswegen müssen wir unseren neu angekommenen Verwandten schnell eine Arbeit organisieren (Sitora).

Im Interview berichteten Personen mit mehr Migrationserfahrung, dass sie (wie David und Sitora) die Verantwortung für die Neuankömmlinge aus ihrer Familie oder ihrem Dorf übernehmen würden. In den ersten Wochen beinhalte die Fürsorge auch Hilfe bei der Beschaffung von Dokumenten, Unterstützung bei der Orientierung in der Stadt, Hilfe beim Organisieren einer SIM-Karte und mehr (Sitora). Mughal (2007: 88) bestätigt in seinem Forschungsbericht, dass über 80 Prozent der MigrantInnen Informationen zum Ankunftsland und zu ihrem künftigen Arbeitsplatz über ihr persönliches Netzwerk erhalten, das heißt, über Verwandte und Freunde. Reeves (2012: 124) beschreibt dies als eine Art *snowballing*, also dass durch die vermittelnde Funktion von Netzwerken das Migrationsziel für die jüngeren Nachmigrierenden vorgegeben wird.

Fast alle jungen Informanten, die in dieser Studie zu Wort kommen, waren Teil einer familialen Migrationskette (Aliğon; Anvar; Ferūz; Šarif). Die Migrationsreihe wird von den Pioniermigranten aus der Sowjetzeit oder der frühen 90er Jahre angeführt. Ihnen folgen Familienmitglieder oder Freunde aus dem sozialen Netzwerk. Sind diese Personen im Migrationsraum angekommen, migrieren weitere Verwandte und Freunde nach und es entsteht eine Migrationskette. Bei wem diese Kette genau anfängt, habe ich in meiner Forschung nicht systematisch untersucht. Dilšod erwähnt den Militärdienst seines Vaters in der Sowjetzeit als Startpunkt für nachfolgende Migrationsaufenthalte von Familienmitgliedern und schlussendlich seinen eigenen Moskauaufenthalt, denn „Papa weiß alles über Russland, er hat doch dort gedient".

In den Migrationsberichten zu Tadschikistan wird den in der Sowjetzeit vorangegangenen Pionieren wenig Beachtung geschenkt. In den meisten Berichten wird vielmehr der Zerfall der Sowjetunion als Beginn des Migrationsprozesses betrachtet (ILOb 2010), wenn auch im Bericht von Jones et al. (2007: 8–9) angemerkt ist, dass tadschikische MigrantInnen schon zu Sowjetzeiten zum Handeln und Arbeiten nach Russland gegangen waren. Rahmonova-Schwarz zeigt anhand eigener Forschungen und unter Berücksichtigung verschiedener Studien, die die Migrationsprozesse in den Sowjetrepubliken darstellen, dass kontinuierliche Migrationsbewegungen aus Zentralasien nach Russland schon zu Ende der 1970er und Beginn der 1980er Jahre ihren Anfang nahmen (2010: 26). In den 1960er und 1970er Jahren waren es vornehmlich Bildungsmigranten und Wehrdienstleistende aus Mittelasien, die sich in Russland aufhielten. Ende der 1970er und in den 1980er Jahren wurden aus verschiedenen zentralasiatischen Republiken einige Tausend Arbeitskräfte als Produktionshelfer in der Landwirtschaft in die unerschlossenen Gebiete der Russländischen Sozialistischen Föderativen Sowjetrepublik (RSFSR) geholt (Rahmonova-Schwarz 2010: 20–21).

Die periodische Durchlässigkeit der Grenzen innerhalb der Sowjetunion hing mit politischen Strategien und den ökonomischen Bedürfnissen zusammen, die von der Sowjetmacht identifiziert wurden (Ivakhnyuk 2009: 10). Wenngleich die Anzahl dieser MigrantInnen im Vergleich zu den Migrationswellen der 1990er Jahre gering scheint, so waren diese PioniermigrantInnen bedeutend für die Etablierung von Migrationsnetzwerken, an denen sich die MigrantInnen bis in die Gegenwart hinein orientieren (Rahmonova-Schwarz 2010: 26; Zaurbekov 2007). PioniermigrantInnen, egal ob es sich um frühe aus der Sowjetzeit handelt oder um solche aus späteren Jahren, haben eine einflussreiche Position, denn sie lenken den Informationsfluss und vermitteln nachfolgenden MigrantInnen den ersten Wohn- und Arbeitsplatz (Sitora; ähnlich für den Kontext Afghanistans Harpviken 2009: 34–35). Über diese Personen, die gewissermaßen eine Broker-Funktion erfüllen, wird die Verbindung zwischen Herkunfts- und Ankunftsland hergestellt (Harpviken 2009: 34). In ihren Forschungsergebnissen berichtet Khusenova von der bedeutenden Rolle des tadschikischen Pioniermigranten in Moskau:

> The initial migrant thus plays a structuring role. After visiting his family in Tajikistan, he goes back with the other chosen kinship members. Thanks to his experience (generally two to three years), he provides accommodation and money to newcomers, ensures their registration with the appropriate state authorities, finds them work, and is the guarantor of their safety (2010: 282).

Man folgt dem existierenden Migrationspfad, wird im Ankunftsland eingeführt und erweitert dann sein Netzwerk, was auch Zaurbekov (2007) für die tadschikischen Neuankömmlinge in Russland beobachtet. Brettell zeigt anhand ihrer

Community-Forschung zu portugiesischen MigrantInnen in Paris, dass in vielen Fällen nach der Einführungszeit die verwandtschaftliche Unterstützung für den Neuankömmling deutlich nachlässt (2003: 122ff.). Eine solche Entwicklung konnte ich teilweise auch in meinem Forschungsfeld beobachten. Sobald Sitora mit einigen in Moskau lebenden Verwandten für Manučehr einen Schlafplatz und eine Arbeit organisiert hatte, nahm die Intensität ihres Kontakts zum Neffen deutlich ab, und im Anschluss an die zweimonatige Einführungszeit sah sie ihn mehrere Monate gar nicht.

3 Den Migrationsaufenthalt in Moskau erleben

Die männlichen Arbeitsmigranten, die in meiner Studie zu Wort kommen, haben bis auf Ferūz alle schon einmal undokumentiert auf russischen Baustellen gearbeitet, und einige von ihnen arbeiten nach wie vor dort (Aliğon; David; Manučehr; Dilšod u.a.). Andere arbeiteten zum Zeitpunkt meiner Untersuchung dokumentiert als Verkäufer (David; Manučehr) oder Kochgehilfe (Šarif) bzw. undokumentiert als Taxifahrer (Parviz), Brotbäcker (Maorifat) oder Mechaniker (Aleks).

Leben in der Illegalität

Über 70 Prozent aller jungen ArbeitsmigrantInnen in Russland arbeiten undokumentiert (Ivakhnyuk 2009: 1).[27] Von den tadschikischen Arbeitsmigranten arbeiten fast drei Viertel (74 %) auf Großbaustellen (Olimova 2009: 370). Etwa 10 Prozent sind im regionalen und transnationalen Handel, beispielsweise auf lokalen Basaren, beschäftigt. Eine dritte Nische bildet die Landwirtschaft: Etwa 5 Prozent der Arbeitsmigranten arbeiten als saisonale Erntehelfer (ebd.). Die Zahlen über undokumentierte tadschikische ArbeitsmigrantInnen variieren allerdings, da sie durch Statistiken nur schwer zu fassen sind (Ivakhnyuk 2009: 1), zumal Russland um 2010 für TadschikInnen eine visafreie Zone darstellte und die MigrantInnen somit legal einreisen konnten. Jede/r Arbeitsmigrant/In muss sich allerdings kurz nach der Ankunft um die Legalisierung des weiteren Aufenthaltes kümmern. Für viele junge MigrantInnen, die das erste Mal nach Moskau kommen, stellt die Registrierung (*propiska*), die beim Innenministerium, der Post oder einer anderen Organisation innerhalb von drei bis sieben Tagen unternommen werden muss, schon die erste Hürde dar. Grund hierfür ist, dass bereits zu diesem Zeitpunkt eine geeignete Unterkunft nachgewiesen werden muss. Reeves (2011: o.S.) beschreibt die Problematik folgendermaßen:

---

27 Die Begriffe „legal", „illegal", „dokumentiert" oder „undokumentiert", „registriert" oder „nichtregistriert" spiegeln alle die normative Kategorisierung durch die gesetzgebenden Regierungen der jeweiligen Staaten wieder. Sofern ich mich auf Fachliteratur beziehe, verwende ich die Begriffe „dokumentiert" und „undokumentiert". In allen anderen Fällen wähle ich die Ausdrücke, mit denen die MigrantInnen selbst ihren Status beschreiben, nämlich ‚legal' (*legal'no*) und ‚illegal' (*nelegal'no*), da diese Begriffe weniger auf die Authentizität der Dokumente verweisen als auf deren Tauglichkeit, auf die es ankommt (so auch bei Madeleine Reeves im Falle der kirgisischen Migranten in Moskau, 2011; 2012).

https://doi.org/10.1515/9783110668933-003

Only certain kinds of accommodation, however – those that are 'permanent', those that are deemed fit for human habitation, or those with a certain number of humans per metre square – 'count' as legally visible homes. Here lies the first in a series of administrative hoops, for overwhelmingly, migrants tend to live in accommodation that is invisible to stately systems of accounting.

Die meisten meiner Informanten lebten in Waggons, provisorischen Behausungen oder Wohnungen, die mit bis zu zwanzig MigrantInnen belegt waren. Diese Wohnräume lassen sich angesichts der geltenden Vorgaben nicht anmelden. Dennoch verfügen die meisten über eine Registrierung, und zwar eine „gefälschte" (*fal'šivaja*), die nicht den tatsächlichen Wohnraum und -ort angibt, sondern eine andere, offiziell *propiska*-taugliche Moskauer Adresse enthält. Eine gefälschte Registrierung in einer angemeldeten Wohnung kann man käuflich erwerben (Sitora; vgl. auch Reeves 2011).

Die ersten drei Monate können sich die MigrantInnen mit Hilfe der Registrierung legal in dem Stadtteil aufhalten, in dem sich der registrierte Wohnsitz befindet (Ivakhnyuk 2009: 39). Die Registrierung kommt einer Aufenthaltsgenehmigung gleich, verschafft den Menschen jedoch noch keine Arbeitsgenehmigung. Um eine solche zu bekommen und über die Dreimonatsfrist hinaus in Russland bleiben zu können, muss man durch einen Arbeitgeber angemeldet werden (Ivakhnyuk 2009: 40).

Zūhro, Ferūz und Andere berichteten von Fällen, in denen junge MigrantInnen aus „Naivität" (Zūhro) und Unwissenheit ihre Pässe Arbeitgebern[28] aushändigten, die ihnen eine gesetzliche Anmeldung versprochen hatten. Ohne Pass konnten sie den Arbeitsplatz – meist handelte es sich um eine Baustelle –, an dem sie zumeist auch wohnten, nicht mehr verlassen. Sind erst ihre Pässe konfisziert, dann sind die ArbeitsmigrantInnen der Willkür ihrer Arbeitgeber, die selber nicht selten ebenfalls einen migrantischen Hintergrund haben (Informantin Barno), schutzlos ausgeliefert (Ivakhnyuk 2009: 44; Zūhro; Ferūz). Trotz der vielen Aufklärungskampagnen, die von verschiedenen Migrationszentren und Organisationen in Russland und in Tadschikistan ins Leben gerufen wurden und die das gemeinsame Ziel haben, die MigrantInnen über ihre Rechte und über Gefahren am Arbeitsplatz aufzuklären, fallen nach Angaben eines juristischen Beratungszentrums tagtäglich tadschikische und usbekische ArbeitsmigrantInnen einer „Versklavung" durch den Arbeitgeber zum Opfer (Ferūz; Informantin Barno). Kritisch äußerten sich die MitarbeiterInnen der betreffenden Organisationen

---

28 Da meine InformantInnen in diesem Kontext nur von „Arbeitgebern" sprachen, verwende ich an dieser Stelle die männliche Form, was aber nicht heißen soll, dass nicht auch Arbeitgeberinnen von solchen Praktiken Gebrauch machen.

und auch solche ArbeitsmigrantInnen, die einen abgesicherten Status erlangt hatten, über das „blinde" und „naive" Vertrauen der ArbeitsmigrantInnen in die Arbeitgeber (Šarif; Ferūz; Informantin Barno).

Die ArbeitsmigrantInnen können an jedem Ort und zu jeder Zeit durch die *milicija* (Polizei)[29] hinsichtlich ihrer Registrierung und Arbeitserlaubnis kontrolliert werden.[30] Die meisten MigrantInnen bewegen sich kontinuierlich in einer „illegalen Zone" (Informantin Barno), da sich der Geltungsbereich ihrer Registrierung auf den Stadtteil des gemeldeten Wohnsitzes beschränkt. Laut Umfragen, die die ILO in Tadschikistan durchgeführt hat, lassen sich viele MigrantInnen an ihrem Migrationsziel Moskau gar nicht erst registrieren, da sie aufgrund ihres Arbeitsplatzes Stadtteilgrenzen überqueren und dadurch ohnehin im Falle von Kontrollen Abgaben an die *milicija* zahlen müssten (ILOb 2010: 15). In informellen, saisonalen Arbeitsbereichen wie dem Baugewerbe und der Landwirtschaft, wo die ArbeitsmigrantInnen zumeist am Arbeitsplatz wohnen und die Stadt nicht zu durchfahren brauchen, wurden die meisten undokumentierten ArbeitsmigrantInnen gezählt (Ivakhnyuk 2009: 43; Olimova 2009: 370).

Aufgrund der großen Anzahl von undokumentierten tadschikischen ArbeitsmigrantInnen wurden ab 2004 bilaterale Verträge zwischen Tadschikistan und Russland geschlossen, die den MigrantInnen soziale Sicherheit und Arbeitsschutz gewährleisten sollten (Jones et. al. 2007: 19). Die Zahl der Arbeitserlaubnisse für tadschikische ArbeitsmigrantInnen wurde aufgestockt und Institutionen wurden ins Leben gerufen, welche in Russland registrierte Arbeitsplätze anbieten (ebd.). Dies kann als Vorstufe der 2006 vorgenommenen Revision der russischen Migrationspolitik gesehen werden, die dem undokumentierten Migrationsstrom entgegenwirken sollte (Ivakhnyuk 2009: 48–49). Die Politik der „offenen Tür" für ArbeitsmigrantInnen aus den ehemaligen Sowjetrepubliken, als welche der Gesetzesentwurf von 2006 proklamiert wurde, verfolgte ökonomische, politische und demographische Ziele (ebd.: 51–52).[31] Durch die Regulierung und Kontrolle des Migrationsstroms versprach sich die Regierung eine Ausschöpfung des Arbeitspotenzials der MigrantInnen. Wenngleich einige bürokratische

---

29 Die Polizei heißt in Russland offiziell *policija*, wird aber umgangssprachlich weiterhin wie in der Sowjetzeit *milicija* oder *menty* genannt.

30 Diese umfassende Befugnis wurde der Polizei 2004 durch die Übertragung der Migrationsangelegenheiten an das Innenministerium, das unter der direkten Aufsicht des Staatspräsidenten steht, erteilt (Ivakhnyuk 2009: 38).

31 Seit 2006 dürfen alle BürgerInnen, die in der ehemaligen Sowjetunion geboren sind, eine russische Staatsangehörigkeit beantragen (Rahmonova-Schwarz 2012: 221), worauf ich im Abschnitt „Staatsbürgerschaft als Element einer Kontinuitätsstrategie" näher eingehe.

Hürden in Zusammenhang mit Registrierung und Beschaffung einer Arbeitserlaubnis beseitigt wurden und auch die Zahl der Arbeitserlaubnisse deutlich erhöht wurde, war die Migrationspolitik weiterhin auf Kurzzeitmigration ausgerichtet. Auch weiterhin schwankt die Quote der Arbeitserlaubnisse, die jährlich für Menschen ohne russsländischer Staatsbürgerschaft erteilt werden, und zwar so signifikant wie zwischen 6 Millionen in 2007 und nur 1.8 Millionen in 2008; sie deckt auf jeden Fall nicht annähernd den realen Bedarf Russlands an ausländischen Arbeitskräften (Ivakhnyuk 2009: 76).

Für viele ArbeitsmigrantInnen sind die bürokratischen Barrieren zur Erlangung einer Arbeitsgenehmigung (*rabočaja karta*) unüberwindbar. Das oftmals korrupte und diskriminierende Verhalten der BeamtInnen in den zuständigen Behörden verschärft die Situation (Olimova 2003: 65). Seit die Reformen von 2006 in Kraft getreten sind, werden die ArbeitsmigrantInnen verstärkt auf die Arbeitserlaubnis hin überprüft. Wenn sie dabei weder die entsprechenden Papiere noch „Lösegeld" zur Hand haben, laufen sie Gefahr, deportiert zu werden. Dies hat Konsequenzen, denn nach einer Deportation wird ihnen für die darauffolgenden fünf Jahre eine erneute Einreise nach Russland verwehrt (Reeves 2011).

Die ständige Angst vor der *milicija* ist eine Begleiterscheinung der Alltagsrealität undokumentierter Arbeitsmigranten, sagen Zühro und Aliğon. Wenn die Arbeitsmigranten in die Fänge der *milicija* geraten, können ihnen die Migrationsnetzwerke helfen und Geld zur Verfügung stellen, damit sie freigelassen werden; in manchen Fällen tun dies Organisationen, die sich um die Rechte von tadschikischen ArbeitsmigrantInnen kümmern. Vor allem junge Migranten, die sich auf ihrer ersten Migrationsreise befinden, sind in einer vulnerablen Position:

> Die Jungen von uns, die gerade erst hergekommen sind, die werden geschlagen und ihnen wird Geld [Bestechungsgeld] abgenommen[32] (David).

Solche Misshandlungen gehen häufig mit der Androhung einer Deportation einher. Auch Barnos Beobachtung zufolge sind insbesondere junge Migranten – aufgrund ihrer geringen Erfahrung und des Fehlens von Sprachkenntnissen – der Diskriminierung und Ausbeutung durch die Polizei ausgesetzt. Rahmonova-Schwarz (2006: 323) sowie Ferūz merken an, dass die jungen Migranten sich in

---

[32] Anzumerken ist in diesem Zusammenhang die Tatsache, dass das durchschnittliche Monatsgehalt eines Polizisten in Moskau 2010 um die 25.000 Rubel (ca. 650 Dollar) betrug, was unter anderem die verbreitete Bestechlichkeit begründet (Zagarodnov 2011). Ein Arbeitsmigrant, der bei einer russischen Baufirma arbeitete, verdiente mindestens das gleiche.

schwierigen Situationen fast ausschließlich auf ihre familiären Netze oder Migrationsnetzwerke verlassen und nur selten die Migrationszentren aufsuchen, obwohl ihnen diese adäquatere Hilfestellung bieten könnten.

Durch die 2006er Reformen sind nicht mehr nur ArbeitsmigrantInnen ohne Arbeitserlaubnis im Visier der *milicija*; auch Arbeitgeber, die nicht registrierte Arbeitskräfte beschäftigen, müssen Bußgelder zahlen (Mughal 2007: 151). Dennoch vermeiden es viele Arbeitgeber, ihre Angestellten zu registrieren, da dann Steuern erhoben werden (Jones et al. 2007: 18; Mughal 2007: 151). Kostengünstiger ist es für Bauunternehmen beispielsweise, mit der örtlichen *milicija* eine finanzielle Vereinbarung zu treffen, so dass die Arbeiter nicht weiter belangt werden, was mir Goča, ein georgischer „Brigadier" (Gruppenführer) mitteilte, der auf russischen Großbaustellen Gruppen von zentralasiatischen Arbeitsmigranten anleitet. Mit einer solchen Vereinbarung ist dem Arbeitsmigranten jedoch nur unmittelbar an seinem Arbeitsplatz Schutz vor der *milicija* gewährleistet.

Einige InformantInnen sehen die Verantwortung für diese Zustände auch bei den ArbeitsmigrantInnen selbst:

> Unsere Tadschiken, die wollen kein Geld für eine Migrationskarte, also für eine Arbeitserlaubnis, verschwenden. Sie wollen einfach nur schnell Geld verdienen und es dann verschicken, darin liegt das Problem (Zühro).

Die meisten tadschikischen ArbeitsmigrantInnen sehen keinen längeren Aufenthalt in Russland vor; deswegen versuchen sie, während des Migrationsaufenthalts das größtmögliche Kapital zu erwirtschaften, und investieren nicht in die Legalisierung ihres Aufenthaltes (Informantin Barno; Ferūz; Zühro).

Erfahrungen von Diskriminierung, Gewalt und Angst

Der ungesicherte Status hat gravierenden Einfluss auf das Alltagsleben der ArbeitsmigrantInnen in Russland. So meiden sie öffentliche Plätze, an denen sie „*menty*" (Polizisten) oder rassistisch gesinnte Gruppen vermuten (Zaurbekov 2007; Laruelle 2007: 112). Über das viel genutzte Mobiltelefon informieren sich die ArbeitsmigrantInnen innerhalb ihrer Migrationsnetzwerkes über Razzien und andere Gefahren (Sitora; Aliğon). Während ich mit Maorifat durch die Straßen Moskaus spazierte, merkte ich an seiner Unruhe und Eile, wie unsicher er sich in der Moskauer Innenstadt fühlte. Nervös wanderte sein Blick, die Menschenmassen musternd, die Straßen auf und ab. An seiner Orientierungslosigkeit im Stadtzentrum merkte ich, dass er sich dort selten aufhielt, obwohl er schon seit über einem Jahr in Moskau lebte. Während der Metrofahrt schien mir, dass unser gemeinsames Auftreten neugierige Blicke auf sich zog. Eine europäisch aussehende „Touristin" im Beisein eines als zentralasiatisch erkennbaren Arbeitsmigranten, ist kein häufiger Anblick im Moskauer Zentrum.

Tadschikische Arbeitsmigranten werden Barno zufolge zumeist durch ihren Kleidungsstil und nicht zuletzt aufgrund ihres Phänotyps als kaukasische oder mittelasiatische Migranten identifiziert. Die mediale Darstellung von insbesondere männlichen Arbeitsmigranten verweist auf stereotypische „Erkennungsmerkmale". Die im russischen Volksmund gegenwärtige Bezeichnung für männliche Tadschiken als *ğamšuty* ist auf die Comedyshow *Naša Russia* zurückzuführen, die in Russland große Popularität genießt. In dieser Show werden Tadschiken als naive, ungebildete und unfähige Handwerker gezeigt. Barno, die Mitarbeiterin einer Organisation für zentralasiatische MigrantInnen, macht diese populäre Show für das Negativimage der tadschikischen Arbeitsmigranten in der russischen Gesellschaft mit verantwortlich:

> Die russischen Patrioten haben sich vor allem die tadschikischen Migranten zur Zielscheibe erkoren. Die Tadschiken werden als Drogenbarone (*narkobarony*) dargestellt. Sie verkörpern Gefahr (*ugroza*), *ğamšuty* und *Naša Russia-jajca sud'by*[33] und wie sie noch heißen mögen. In all diesen xenophoben Serien oder Filmen werden sie von den Russen verspottet (Barno).

Im Gegensatz zu KaukasierInnen, die in der Öffentlichkeit vornehmlich als „potenzielle Kriminelle" oder „Terroristen" abgestempelt sind, werden den TadschikInnen aber auch positive Eigenschaften zugeschrieben, etwa Familienverbundenheit und Gastfreundlichkeit, was die besagten Sendungen ebenfalls aufgreifen (eigene Beobachtung). In den letzten Jahren wurden allerdings nationalistische und fremdenfeindliche Stimmen lauter, die eine „antimittelasiatische Propaganda" in Bewegung setzten (Informantin Barno). Zentralasiatische ArbeitsmigrantInnen sind in Russland mit einer anwachsenden xenophoben Haltung konfrontiert (Rahmonova-Schwarz 2012: 14). Ivakhnyuks Bericht zufolge wird mit der offiziellen Ankündigung der neuen Gesetzgebung der „offenen Tür" versucht, der xenophoben Haltung in der Gesellschaft entgegenzuwirken (ebd. 2009: 49–50). Die Medien kreieren einerseits ein verzerrtes Bild von mutmaßlich

---

33 Die Sendungen können als Parodie auf das Verhältnis zwischen der russischen Gesellschaft und ihren Vorurteilen auf der einen und der schwierigen Situation der ArbeitsmigrantInnen aus Mittelasien auf der anderen Seite gesehen werden. Der Film *Naša Russia-jajca sud'by* ist im Internet frei verfügbar: http://www.youtube.com/watch?v=cvMkTtaOTSE [20.11.2012].

kriminellen, vornehmlich männlichen mittelasiatischen Migranten und prophezeien andererseits die Bildung abgeschotteter Diasporagemeinschaften. Die Konsequenzen daraus spiegeln sich in Umfrageergebnissen des Zentrums für Soziale Forschung in Moskau, die aussagen, dass über 60 Prozent der russischen Bevölkerung eine „Antipathie" gegenüber mittelasiatischen ArbeitsmigrantInnen haben und sich daher gegen eine Migrationspolitik der „offenen Tür" aussprechen würden (Ivakhnyuk 2009: 72).[34]

Täglich erhalten Migrationszentren Informationen über Auseinandersetzungen mit und Überfälle auf tadschikische Migranten. Barno beobachtete auch eine gesteigerte Anzahl innermigrantischer Gewaltausbrüche und Schlägereien (*razrubki*), die nicht selten tödlich enden. Die Konfliktursachen bleiben aufgrund des illegalen Status der Beteiligten und des dadurch begründeten Desinteresses der Behörden häufig ungeklärt (Informantin Barno).

In nahezu allen Interviews kam in Verbindung mit der *milicija* auch die Angst vor Skinhead-Gruppen zur Sprache. Rassistische Übergriffe werden in den russischen und tadschikischen Medien zumeist solchen Gruppen zugeschrieben.[35] Obwohl niemand von meinen InformantInnen von einer direkten Begegnung mit einem „Skinhead" berichten konnte, beschränkt die Angst vor solchen Gruppen den Lebensraum eines jeden:

> Weißt du, ich habe mich schon daran gewöhnt, zuhause zu sitzen und nicht auf die Straße zu gehen. Weißt du, ich hatte gehört, dass sich auf der Straße Skinheads aufhalten. Wenn du denen begegnest, dann ist alles vorbei. Als ich hörte, dass sie in unserem Stadtteil unterwegs sind, haben alle gesagt, komm schnell nach Hause. Ich weiß eigentlich gar nicht, wer die sind. Aber es stellte sich raus, dass sie diese Glatzköpfigen sind, so eine Bande. Wenn du in deren Fänge gerätst, dann können sie dich umbringen und dein Geld klauen. Danach wird dir niemand helfen, weil die Polizei auch Angst vor ihnen hat. Sie haben so eine Mafia, aber mehr weiß ich auch nicht (Zühro).

Über die besagten „Skinhead-Gruppen" wurde mir nicht nur in tadschikischen Migrationskreisen berichtet. Als ich einen Tag lang Saodat, eine 16-jährige kirgisische Arbeitsmigrantin, in Moskau begleitete, konnte ich beobachten, dass eine

---

34 Das Levada Analytical Center, das 2005 mehrere repräsentative Umfragen durchführte, kam zu einem ähnlichen Ergebnis: über 50 Prozent der russischen Bevölkerung befürwortet sogar ein Aufenthaltsverbot für Menschen aus dem Kaukasus und aus Zentralasien (Rahmonova-Schwarz 2006: 323).

35 Seit einigen Jahren geraten zunehmend Skinhead-Gruppen ins Zentrum der medialen Aufmerksamkeit, da die Anzahl der mittelasiatischen Todesopfer seit Anfang der 2000er gestiegen ist (Laruelle 2007: 112).

Vielzahl ihrer Telefongespräche das Thema *menty* oder *skinchedy* aufgriff. Entweder wurde sie in einem Telefonat gewarnt, oder sie gab selbst kurze telefonische Entwarnungen. Am Abend trafen wir ihren Freund, und ich befragte ihn zu den „Skinhead-Gruppen". Auch er gab an, solche Gruppen noch nicht gesehen zu haben, er wisse von der Existenz dieser Personengruppe aber einerseits durch Erzählungen und andererseits vor allem durch Medienberichte. Diesen zufolge würden Skinheads aus rassistischen Motiven mittelasiatischen Arbeitsmigranten auflauern, um sie zu ermorden (Maqsad). Der Informant erwähnte ebenfalls, dass die russische Regierung machtlos gegen diese kriminellen Gruppen sei, wenn sie sie nicht sogar schütze. Rahmonova-Schwarz (2006: 324) verweist auf die russischen Menschenrechtsorganisationen Memorial und Sova, die der russischen Regierung vorwerfen, rassistisch motivierten Gewalttaten zu wenig Aufmerksamkeit zu schenken.

Während ihres Moskau-Aufenthalts entwickeln die ArbeitsmigrantInnen Strategien, mit denen sie sich vor rassistischer und staatlicher Gewalt schützen. Gute Sprachkenntnisse, ein angepasster „russischer Kleidungsstil" und vor allem ein selbstbewusstes Auftreten sind Teil dieser Taktik (Ferūz; Aleks). Aliğon, der seit sechs Jahren in Russland lebt und mittlerweile legal arbeitet, berichtet in Gegenwart anderer Arbeitsmigranten stolz, mit welcher schlagfertigen Argumentation er den *menty* entkam:

> Die *menty* haben mich angehalten, ich sagte ihnen sogleich: ,Ich habe kein Geld!' Sie sagten: ,Gib hundert Rubel'. Dann haben sie gedroht, mir Skinheads auf den Hals zu hetzen, dann sagte ich ihnen: ,Die habt ihr doch schon 1941 besiegt!' [alle Rundumstehenden lachen]. Dann haben sie gemerkt, dass sie von mir kein Geld bekommen würden, und haben mich davongeschickt (Aliğon).

Wenn derartige Begegnungen in größeren, männlich dominierten Gruppen angesprochen wurden, war dies entweder in Form von humoristischen Erzählungen oder als Schilderung von besonders gefährlichen Situationen. Alle jungen Männer waren sich darin einig, dass von Skinheads und staatlichen Sicherheitsorganen eine lebensbedrohende Gefahr ausgeht. Da für die Überwindung dieser Art von Gefahren Migrationserfahrung, Mut und ein gewisses Selbstbewusstsein notwendig sind, birgt die Schilderung eines solchen Ereignisses das Potenzial, zu einer Heldengeschichte zu avancieren. Ferūz merkt diesbezüglich an, dass die meisten jungen Migranten noch nicht über Sprachkenntnisse und Migrationserfahrung verfügten; dadurch würden sie zur Angriffsfläche für Polizisten und nationalistisch gesinnte Menschen werden. Mit rassistischer Diskriminierung umgehen zu lernen ist folglich auch Teil der Alltagsrealität in Moskau, was Arbeitsmigranten mit Migrationserfahrung betonen (Ferūz; Šarif; David).

Für die meisten MigrantInnen (70 %) bedeuten die genannten Gefahren, dass sie aufgrund täglicher Diskriminierung und (wahrgenommener oder tatsächlicher) Bedrohung in öffentlichen Verkehrsmitteln, Geschäften, bei der Wohnungssuche und am Arbeitsplatz öffentliche Räume meiden (Zaurbekov 2007; Laruelle 2007: 112). Da das geschätzte Gefahrenpotenzial auch eine persönliche Ermessenssache ist, verdrängt das Bewusstsein über mögliche Gefahren die MigrantInnen aus dem Stadtzentrum. Diese Tatsache bestätigte sich in meiner Feldforschung auch in vielen Gesprächen mit RussInnen sowie in Beobachtungen in der Moskauer Innenstadt.

Ein „modernes" Leben kennenlernen

Während meiner Feldforschung in Tadschikistan 2010 fragte ich viele TadschikInnen, was sie mit Moskau und der Arbeitsmigration nach Russland assoziierten. Immer wieder wurden die schwierigen Lebensumstände der Arbeitsmigranten genannt, die eigene marginale Position in Russland und die negativen gesundheitlichen Folgen, verursacht durch das kalte Klima. Des Weiteren wurde – und zwar mehrheitlich von tadschikischen Frauen – auf die „Verführungen der Moderne" hingewiesen, denen eine Vielzahl von Männern in Moskau erliegen würde. Barno, die Mitarbeiterin einer Organisation für zentralasiatische MigrantInnen, sieht dies ähnlich und beobachtet die selektive diesbezügliche Adaption von „russischen Traditionen" mit Sorge. Mit Verführungen und russischen Traditionen ist dabei vor allem der Alkoholkonsum gemeint, mit dem die tadschikischen Arbeitsmigranten in Russland in Berührung kommen (Informantin Barno). Aus Gesprächen in Tadschikistan wurde deutlich, dass Moskau neben Geld vor allem mit moralischer Freiheit (d.h. wahrgenommenem moralischen Chaos) in Verbindung gebracht wird. Der übermäßige Alkoholkonsum wurde darüber hinaus in vielen Gesprächen als Ursache für Kontaktabbruch und das „dauerhafte Verschwinden" von bestimmten Arbeitsmigranten genannt.

Auch Olimova und Kuddusov (2007: 99) beschreiben in ihrer Forschung Risiken, die mit der Aneignung von „russischen Gewohnheiten" einhergehen. Insbesondere die jungen Saisonarbeiter nehmen ihrer Beobachtung nach unter Alkoholeinfluss oft ein „riskantes Verhalten" an, was sich in der großen Zahl von Gewalttaten und kriminellen Handlungen im migrantischen Milieu widerspiegelt (ebd.; Informantin Barno).

Die in Tadschikistan Zurückbleibenden sind sich in dem Punkt mit den Forscherinnen einig, dass der Alkoholkonsum, wiewohl in Russland legal und gesellschaftlich akzeptiert, eine destabilisierende Wirkung auf die Arbeitsmigranten haben könne. Das erklärt, warum manchen jungen Männern im arbeitsfähigen Alter trotz ihres Wunsches nach Arbeitsmigration der Weg nach Russland verwehrt bleibt. So erläuterte mir eine junge Ehefrau in Tadschikistan, dass der zwar nur gelegentliche, dann aber exzessive Alkoholgenuss ihres Mannes der Grund sei, weshalb ihre Schwiegereltern dem Sohn die Migration nach Moskau verbieten würden. Zūhro erläutert in diesem Zusammenhang, dass der in Moskau für die Familie unkontrollierbare Alkoholkonsum das Risiko einer Entkoppelung von der Familie und des „Scheiterns" *(šikast chūrdan)* in sich berge (Zūhro). Dabei verweist sie auf ihren Schwager Azim, der in Moskau angefangen hatte, Alkohol zu trinken:

> Er hatte diese Schwäche. Weißt du, er hat ja mit Russen zusammengearbeitet, naja, und dann hat auch er angefangen zu trinken. Davor hatte er gar nicht getrunken, er ist zu einer Gruppe gestoßen, in der nur Russen waren; da gab es keine [Leute aus] anderen Nationen und dann musste er natürlich auch anfangen (Zūhro).

Mit Bedauern berichtet Zūhro, dass Azim letztlich ohne Geld und in einer schwierigen psychischen Verfassung von ihrem Vater, seinem Schwiegervater also, nach Tadschikistan zurückgeholt werden musste.

Die meisten der von mir interviewten ArbeitsmigrantInnen gaben an, sich trotz der veränderten Umstände in Moskau vom Alkohol konsequent fernzuhalten. Mit einem gewissen Stolz erklärte mir beispielsweise Anvar, dass er mit täglich Alkohol konsumierenden Armeniern zusammengearbeitet hatte und dennoch den Aufforderungen zum Mittrinken widerstehen konnte. Nicht-tadschikische Migranten und Russen hätten mit Unverständnis auf seinen Verzicht auf Alkohol reagiert (Anvar). Viele Interviewpartner äußerten sich kritisch über Arbeitsmigranten aus dem Heimatland, die in Moskau Alkohol konsumierten. Ihre klar ablehnende Haltung gegenüber Alkohol begründeten sie mit dem islamischen Glauben und der Beachtung der mit der Religion einhergehenden Regeln (Ravšan; Ferūz; u.a.). Ähnlich wie die Frauen in Tadschikistan brachten die jungen Tadschiken in Moskau Alkohol mit Misserfolg und mit Missachtung der eigenen Kultur in Verbindung. Mit der Beschreibung einer prägenden Begegnung mit einem obdachlosen biertrinkenden Tadschiken verdeutlichte etwa Šarif seine Überzeugung, dass Alkoholkonsum mit „Scheitern" Hand in Hand geht (siehe S. 72–73).

In den Gesprächen über die „Verführungen" Moskaus wurde neben dem Alkohol auch die Vielzahl der Restaurants und Diskotheken genannt, die von tadschikischen Arbeitsmigranten aufgesucht werden würden. Das Aufsuchen dieser Vergnügungsorte, so wurde mir in Tadschikistan vermittelt, sei Teil der russischen Lebensweise und würde daher am Alltagsleben der tadschikischen Migranten nicht vorübergehen. Da ich abends im Moskauer Stadtzentrum nur selten mittelasiatische Arbeitsmigranten antraf und da auch meine russischen InformantInnen mir versicherten, dass Moskauer Diskotheken für sie schwer zugänglich seien, bat ich Maorifat, einen jungen Arbeitsmigranten, mir *seine* Vergnügungsorte in Moskau zu zeigen.

Von unserem Treffpunkt an einer Metrostation brachen Maorifat und ich in Richtung des ehemaligen Čerkizovskij Bazar auf. Unterwegs kamen wir zuerst an seinem Arbeitsplatz, einem Einkaufswagen, vorbei. In diesem Wagen lagen von ihm und seinen Freunden gebackene tadschikische Brote (tadsch. *non*, russ. *lepjoški*) aufgestapelt. An der belebten Kreuzung hielten alle paar Minuten Autos, und die Fahrer kauften dem Freund von Maorifat, der gerade Dienst am Brotstand hatte, Laibe ab. Danach durchquerten wir eine endlos erscheinende Brache. Auf diesem Gelände befand sich einst der größte Bazar Osteuropas, der für seine Vielfalt, seine günstigen Preise und für sein multi-ethnisches Treiben über die Grenzen Russlands hinaus Bekanntheit erlangte, jedoch auch aufgrund von illegalen ArbeiterInnen und Schwarzhandel verrufen war. Bis zur endgültigen Schließung 2009 trieben auf dem Čerkizovskij Bazar MigrantInnen aus allen zentralasiatischen Ländern ihren Handel, aber auch ChinesInnen, VietnamesInnen, InderInnen und Andere. Der Markt war ein bedeutender Knotenpunkt von ökonomischen und sozialen Aktivitäten aller zentralasiatischen, kaukasischen und chinesischen MigrantInnen.

Maorifat führte mich über die Brache, auf der nur noch einige Standruinen an den ehemaligen Markt erinnerten, zu einem Wohncontainer. An der Tür war ein Schild mit der Aufschrift „Kafe" angebracht. Wir versuchten in dem *kafe* – Maorifat nannte es *diskoteka* – einen Platz zu finden. Während draußen alles leblos schien, bot sich im Inneren des Containers ein ganz anderes Szenario. Es herrschte eine lebendige, fröhliche Atmosphäre, die durch laute kirgiesische Musik getragen wurde. Im zweiten Raum der *diskoteka* fand gerade eine kirgisische Hochzeitsfeier statt. Insbesondere die tanzenden zentralasiatischen Frauen mit ihren knappen, die Weiblichkeit betonenden Kleidern sprangen mir ins Auge. Daneben sah ich slawische, blonde Frauen, die mit zentralasiatischen Partnern zur diskoteka gekommen waren. Maorifat erklärte mir kopfschüttelnd, dass die Mehrzahl der Frauen und Männer schon betrunken sei, obwohl der Abend gerade erst angefangen hatte, und dass es jeden Sonntagnachmittag an diesem Ort so lustig zuginge. Das Szenario amüsierte ihn sichtlich, aber er merkte auch an: „Zum Beobachten ist es hier interessant, aber es wird zu viel Alkohol getrunken". Das sei auch der Grund dafür, dass TadschikInnen solche Diskotheken seltener aufsuchen würden als UsbekInnen, KirgisInnen oder KaukasierInnen.

Da wir auch nach längerem Warten keinen Platz in der *diskoteka* bekamen (wir waren „zu spät dran"), schlug Maorifat vor, in eines der anderen containerartigen Teehäuser zu gehen. Wir gingen zu einem Teehaus (*čojchona*), in dem Maorifat alle Gäste und Kellner kannte. Außer uns waren einige Tadschiken aus dem Pamir und dem Vachš-Tal anwesend. Maorifat und auch die Kellner machten mir klar, dass man an diesem Ort ohne Bedenken Alkohol trinken dürfe, aber ich lehnte dankend ab. Anvar versicherte mir daraufhin, dass auch er und seine Freunde keinen Alkohol trinken würden. Auf meine Frage hin, ob auch RussInnen diese Diskotheken aufsuchten, gab mir Maorifat zu verstehen, dass, wenn überhaupt, nur solche RussInnen hierherkämen, die genau wie er in Moskau nicht einheimisch seien. Ich konnte erkennen, dass in der *diskoteka* bzw. im *kafe* Turksprachen (Kirgisisch und Usbekisch) dominierten, während in dem Teehaus, in dem wir uns jetzt aufhielten, Tadschikisch vorherrschte. Maorifat erklärte mir, dass die verschiedenen zentralasiatischen Migrantengruppen auch in Restaurants und Diskotheken eher unter sich bleiben würden. Damit bestätigte er mir meine Beobachtung, dass in den genannten Räumen auch eine inner-zentralasiatische Separation stattfindet.

Während meines Aufenthaltes in Moskau brachten mich meine InformantInnen zu einigen Restaurants oder *čojchona*s, in denen sie sich an ihren freien Tagen aufhielten. Nur selten sah ich an diesen Orten Gäste ohne Migrationshintergrund. Russische InterviewpartnerInnen wiederum konnten mir lediglich ein paar kleine Märkte nennen, auf denen ihrer Meinung nach zentralasiatische ArbeitsmigrantInnen anzutreffen seien; zentralasiatische „Diskotheken" oder *čojchona*s kannten sie nicht.

Die Moskauer *diskoteka*s, die mir in Tadschikistan als Teil des „russischen Lebens" dargestellt worden waren, erwiesen sich als Orte, die lediglich der translokalen Erfahrungswelt zentralasiatischer und kaukasischer MigrantInnen angehören. Migranten haben sich Interaktionsräume geschaffen, die zwar in Russland lokalisiert sind, die sich aber parallel neben dem russischen Alltagsleben befinden.[36] Aus tadschikistanischer Perspektive wird vor allem diese Art von Vergnügungsorten mit dem Leben in Moskau assoziiert. In Moskau werden Interaktionsräume geschaffen, wie sie in Tadschikistan aufgrund moralischer Einwände nur vereinzelt existieren und, da in Duschanbe verortet, vielen TadschikInnen aus ruralen Gebieten ohnehin kaum zugänglich sind.

---

36 Für diejenigen tadschikischen Saisonarbeiter in Moskau, die über Monate abgeschirmt auf Großbaustellen leben, bleiben diese Räume allerdings unerreichbar.

In Moskau etwas erleben wollen

> Es gibt auch wirklich diejenigen [Migranten], die hierher kommen, weil sie nur etwas erle-
> ben möchten. Aber dann lernen manche von ihnen Frauen kennen und entscheiden sich,
> einfach länger hier zu bleiben, sie sind jung und wollen anders leben (Ferūz).

Es gibt viele Aspekte, die mit dem Etwas-erleben-Wollen in der Migration in Verbindung gebracht werden. Das Gehalt, das, falls die Männer in Tadschikistan
schon mal gearbeitet hatten, ihren früheren Lohn meilenweit überschreitet, ermöglicht ihnen nicht nur, ihre materiellen Wünsche zu stillen, sondern auch mit
Freunden zusammenzuleben und mit ihnen gemeinsam verschiedene Erfahrungen zu sammeln.

Monsutti (2007: 181–182) weist darauf hin, dass neben anderen Dingen auch
die Ausweitung des sozialen Netzwerks von den Familienangehörigen auf Freunde und Bekannte eine bedeutende und prägende Erfahrung für die jungen Arbeitsmigranten ist. Auch meine Interviewpartner erwähnten in den Gesprächen
die Bedeutung von Freundschaften, die sie in der Migration geschlossen hatten.
Für die jungen Arbeitsmigranten sind vor allem Erlebnisse mit neuen und alten
Freunden die positiven Seiten des Migrationsaufenthaltes.

Dilšod lernte in Moskau viele gleichaltrige junge Männer aus seinem Heimat-
bezirk kennen. Auf meine Frage, was ihm in Moskau gefalle, beschreibt er die
Erfahrungen im neuen Freundeskreis:

> Dilšod: Mit Freunden zusammen ist das Leben hier gut, wir leben zusammen, sechs Leute,
> wir haben viele lustige Erlebnisse, wir haben einen Dienstplan, immer kocht einer nach
> Plan, aber wir haben auch viel Spaß dabei. Abends malen wir uns mit schwarzen Filzstiften
> die Gesichter an, es ist lustig. Das gefällt mir hier.
> W: Woher kennt ihr euch?
> Dilšod: Wir haben uns alle erst hier kennengelernt, wir sind Freunde, wir sind hier wie Brü-
> der geworden.

Im Kreis von Gleichaltrigen, mit denen Dilšod im translokalen Raum Moskau zu-
sammenwohnt, kann er ein Verhalten zeigen, das angesichts seines Alters
(27 Jahre) und seiner Familienposition als ältester Sohn in der Gemeinschaft in
Tadschikistan nicht mehr geduldet würde. In Gegenwart der Familie müssen die
ältesten Söhne aufgrund ihrer Position die Übernahme der väterlichen Rolle demonstrieren (Rahmonova-Schwarz 2012: 128–132). Dadurch verfügen sie über Autorität in der Familie, die sie gleichzeitig zur materiellen Unterstützung der Familie verpflichtet und letzten Endes zur Arbeitsmigration nach Russland ermächtigt
(ebd.).

Roche, die sich mit der Bedeutung der Migration für die Jugend in Tadschikistan beschäftigt, beschreibt Migration als eine Möglichkeit, Jugendlichkeit zu

leben und auszudehnen (2010: 301). Die Folgen des Bürgerkriegs und die ökonomischen Umstände haben die Dauer der Jugendlichkeit verkürzt, und manche
Heranwachsenden erleben sie gar nicht. Die Phase der Jugendlichkeit wird in
Tadschikistan als eine Zeit des Experimentierens und der Freiheitssuche angesehen (ebd.: 13). Genau dieses Bedürfnis wurde von meinen Informanten häufig
zum Ende des Interviews genannt, sobald ich nach ihrem Familienstand fragte:

> Nein, ich habe keine Frau, ich habe einfach keine Zeit dafür. Die [Eltern] wollten mich schon
> verheiraten, und dann bin ich abgereist. Ich wollte nicht heiraten, so ist es besser, einfach
> frei, so kann ich was erleben. Dann nach den Jahren hier in Moskau, haben sie mir gesagt,
> darf ich heiraten, wen ich liebe, ich soll selbst entscheiden. Aber ich habe noch niemanden
> gefunden. Es sollte schon eine Usbekin sein; sie weiß, wie man alles richtig macht (Dilšod).

Die Flucht vor der Verheiratung beschreibt auch Olimova (2007) als Antriebskraft
für die Arbeitsmigration nach Moskau. In Dilšods Aussage kommt mit dem Auf-
schieben der Heirat auch der Wunsch zum Ausdruck, von der elterlichen Kontrolle frei zu sein. Dieser Aspekt, den auch Roche in ihrer Forschung hervorhebt
(2010: 311), erklärt den Zeitpunkt für die Migration. Die Reise nach Russland ist
ein Ausweg, sich der Verantwortung und den Aufgaben, die mit der Verheiratung
einhergehen, zu entziehen. Das Moratorium lässt Dilšod Freiraum, Erfahrungen
zu sammeln, Eigenheiten des Jugendalters auszuleben und letztlich auch über
die Brautwahl selbst zu entscheiden. Da er Geld für den Familienhaushalt bei-
steuert und vor der Familie behauptet, sich nach einer zukünftigen usbekischen
Frau umzuschauen, wird seine Flucht in das Moratorium toleriert.

Tadschikischen Frauen, egal ob Müttern, Ehefrauen oder Schwestern von
männlichen Arbeitsmigranten, bereitet es die größte Sorge, dass die Männer in
Moskau dauerhaft „fremdgehen" könnten (Sitora; Anora). Frauen erleben in ihrem sozialen Umfeld, dass eine steigende Anzahl von Männern ihre Ehefrauen
und Familien in Tadschikistan verlässt und sozusagen in Russland ‚verschwin-
det' (Glenn 2009: 7). Sie sind sich der Tatsache bewusst, dass Beziehungen und
Eheschließungen in Moskau der häufigste Grund für Scheidungen in Tadschikistan sind (Harris 2006: 78; Kasymova 2007: 162). In den meisten Fällen kommt es
nicht zu einer offiziellen Scheidung, sondern zu einer spezifischen Form von
transnationaler Polygynie, bei der der Mann über Jahre hinweg mit zwei Frauen
in einem Eheverhältnis lebt. Es wird davon ausgegangen, dass bis zu 50 Prozent
der verheirateten tadschikischen Arbeitsmigranten auch eine undokumentierte
eheliche Beziehung im Ankunftsland haben (Umarov in Olimova und Kuddusov
2007: 104). Neben dokumentierten Eheschließungen mit russischen Staatsbürgerinnen gehen bereits verheiratete Arbeitsmigranten auch einen undokumentier-

ten religiösen Bund der Ehe (*nikoh*) mit zumeist muslimischen Frauen in Russland ein, oder sie haben ‚formlose' Liebesbeziehungen (Rahmonova-Schwarz 2012: 177–178). Diese Zahlen sind ein Indikator für die Aktualität dieses transnationalen Phänomens und sie erklären die Besorgnis, die bei den Zurückbleibenden mit dem Weggang eines Familienmitgliedes verbunden ist.

Für die in Tadschikistan verbleibenden Angehörigen bedeutet die Migration des Sohnes oder Ehemannes eine potentielle Gefährdung der Lebensgrundlage (Glenn 2009: 8). Sowohl auf materieller als auch auf moralischer Ebene – der Ruf der Familie wird beschädigt – gerät die Familie in Bedrängnis, wenn die Rücküberweisungen ausbleiben. In die Gesamtökonomie fließt das Moralische unmittelbar mit ein; die Migration eines Familienmitgliedes birgt also ein hohes Risikopotenzial. Verheiratung eines Arbeitsmigranten kurz vor oder nach der ersten Migration kann als eine Familienstrategie angesehen werden, mit der die Bindung an Familie und Dorf gestärkt werden soll (Roche 2010: 298).

In Moskau wurde in allen männlichen Migrationskreisen, die ich erlebt habe, über Beziehungen mit Frauen gerne und überraschend offen gesprochen. Kamen mehrere Männer zusammen, wurde das Thema mit Leichtigkeit gehandhabt und manchmal als Gelegenheit genutzt, durch die Darstellung von aktuellen Frauengeschichten die eigene Beliebtheit und Männlichkeit zu demonstrieren. Auf meine konkrete Frage hin, wie sie mit der räumlichen Trennung von der Ehefrau oder zukünftigen Ehefrau umgehen würden, beschrieben die Männer diesen Umstand als zwar unangenehm (*neprijatno*), aber gleichzeitig auch als natürliche Gegebenheit des Migrationslebens (David; Parviz; Aliğon), die man verschmerzen müsse. Der Kontakt mit Frauen in Moskau wurde von einigen Informanten als eine Strategie dargestellt, mit welcher der Trennungsschmerz kompensiert werden könne:

> W: Ist es nicht schwierig, seine Frau will man doch bei sich haben…?
> Aliğon: Nein. Ein Jahr kann man schon aushalten. Man hat doch hier auch eine, hier gibt es sowieso eine
> Parviz: Bei uns ist das so, wir haben dort eine und hier eine. Ohne Frau können wir doch nicht leben. Verstehst du?
> David: Hör mir mal zu, wenn der Mensch ein Mann ist, dann wird er, wo er auch sein mag, egal in welchem Land, egal auf welchem Planeten, wenn er ein richtiger (*nastojaščij*) Mann ist, dann wird er Kontakt zu Frauen suchen. Er wird das suchen, was er braucht, verstehst du?

Die Argumentation meiner Gesprächspartner unterstreicht die Ergebnisse der Analyse der Soziologin Temkina, die Narrative von Polygynie (*mnogoženstvo*) im postsozialistischen Tadschikistan interpretiert hat. Sie deutet die steigende Anzahl von Vielehen, und mehr noch die Narrative darüber, als einen Weg, „patriarchale Männlichkeit" zu demonstrieren (Temkina 2005: 20).

Während des eben zitierten Interviews mit den drei Arbeitsmigranten wurde ich Zeugin einer Begegnung zwischen David und seiner kirgisischen Freundin. Seiner Beschreibung nach war diese junge Migrantin eine von vielen Freundinnen, die er in den letzten Jahren gehabt hatte. Nahezu alle Freundinnen, von denen mir David und auch andere junge Tadschiken in Moskau berichteten, waren mittelasiatischer oder zumindest nicht-slawischer Herkunft, was sich möglicherweise mit dem religiösen Hintergrund der Frauen erklären lässt, der einen Überschneidungspunkt zwischen den MigrantInnen darstellt. So hat auch Rahmonova-Schwarz den muslimischen Glauben als ein entscheidendes Kriterium bei der Partnerinnenwahl der männlichen Arbeitsmigranten hervorgehoben (2012: 177). Weil Beziehungen häufig innerhalb der Migrationsmilieus eingegangen werden, stellen sie nicht direkt eine Schnittstelle zur „russischen Kultur" dar. Diese Beobachtung ist insofern verwunderlich, als Zeitungsartikel und InformantInnen in Tadschikistan zumeist von zeitlich begrenzten Beziehungen oder Ehen mit *russischen* Frauen berichten (Davlatov in Glenn 2009: 20; Kasymova 2007: 185). Solche Mutmaßungen haben aus tadschikistanischer Perspektive Erklärungspotenzial. Wie aus meinen informellen Gesprächen in Tadschikistan ebenso wie aus diversen Migrationsberichten hervorgeht, wird angenommen, dass die meisten Arbeitsmigranten in Russland Eheschließungen mit russischen Staatsbürgerinnen nur eingehen würden, um sich die Arbeitsbedingungen zu erleichtern – beispielsweise um durch das Erlangen der Staatsbürgerschaft bessere Chancen auf dem Arbeitsmarkt zu haben (z.B. Laruelle 2007: 118). Für diesen Zweck werde, so die verdauliche Begründung, von vielen MigrantInnen eine Investition in eine „Scheinehe" *tak dlja pasporta*, ‚für den Pass' (Rahmonova-Schwarz 2012: 176),[37] in Erwägung gezogen (Sitora; Parviz).

Es gibt aber nicht nur diese rationalisierende, die moralische Dissonanz wegredende Begründung. Harris (2006: 78) und Rahmonova-Schwarz (2012: 178) beschreiben, dass die Begegnung mit westlichen bzw. in Migrationskreisen gegenwärtigen, auch häufig von den in Tadschikistan abweichenden Moralvorstellungen bei Arbeitsmigranten zu einem Bedürfnis nach temporärer Befreiung von den im Heimatland geltenden Normen führe. Die jungen Männer in der Migration repräsentieren Olimova und Bosk (2003) zufolge zwar die Sexualmoral, die sie durch eine islamisch-moralische Erziehung angenommen haben; sie sehen ein

---

37 Die Informanten von Rahmonova-Schwarz wählten diese Formulierung, um ihre Zweitehe in Russland zu begründen (2012: 176).

außereheliches sexuelles Verhältnis aber als eine „legitime Sünde" an, wenn sie bestimmten Umständen, wie in diesem Fall der Migration, geschuldet ist (ebd.: 102).

Aus den Gesprächen mit Aliğon, David und Parviz geht hervor, dass es tatsächlich die abweichenden Lebensbedingungen und der Wegfall eines strikten moralischen Rahmens in der Migration sind, was die jungen Männer dazu bewege, sich über die in Tadschikistan geltenden Moralvorstellungen hinwegzusetzen. Im russischen Migrationsraum legitimieren die durch die „Migrationskultur" (Informantin Barno) definierten Normen die jungen Männer, solche Freiheiten auszuleben bzw. diese legitime Sünde zu begehen. Folgt man diesem Argumentationsstrang, so stellt die Positiverfahrung mit dem modernen, kosmopolitischen Leben, das auch eine freie Partnerwahl impliziert, eine mögliche Ursache für den Anstieg der Zahl solcher MigrantInnen dar, die sich für einen dauerhaften Aufenthalt in Russland entscheiden (Davlatov in Glenn 2009: 20; 6). Denn die Partnerwahl für eine Eheschließung wird in Tadschikistan zumeist von den Eltern vorgenommen (Rahmonova-Schwarz 2012: 177–178) oder sie muss von ihnen zumindest abgesegnet werden. Da die Eheschließung in Tadschikistan möglicherweise nicht dem Wunsch des jungen Mannes entspricht, werden in Russland über Jahre hinweg Beziehungen mit Frauen der eigenen Wahl gelebt, was auch Rahmonova-Schwarz in ihrer Studie beschreibt (2012: 178). Diese Erfahrung führt nicht selten dazu, dass Arbeitmigranten dauerhaft in Russland bleiben, auch wenn sie Ehefrau und Kinder zurücklassen (Glenn 2009), wie es etwa bei Aleks der Fall war.

Die Erfahrungen, welche die tadschikischen Migranten in Beziehungen im Migrationsraum Moskau machen, beeinflussen die Geschlechteridentität des betroffenen Mannes (Glenn 2009; Kasymova 2007). Einige Informanten empfanden es als befremdend, die in Tadschikistan geltenden Geschlechterrollen wieder einzunehmen, wenn sie in ihre Heimat zurückkehren (Rustam; Aleks). Dies ist im konkreten Fall auch einer der Gründe, warum David, der seit 15 Jahren gut etabliert als russischer Staatsbürger in Moskau lebt, trotz des Drängens der Verwandten und trotz seines fortgeschrittenen Alters die Heirat in Tadschikistan schon jahrelang aufschiebt (David). Auch Parviz und Dilšod erwähnen in den Interviews, dass sie versuchten, durch Verlängerung ihrer Arbeitsmigration eine Heirat in Tadschikistan hinauszuzögern.

Erst in bidirektionalen Interviews mit David und anderen Arbeitsmigranten, bei denen persönliche Erfahrungen und Emotionen im Zusammenhang mit Frauen thematisiert wurden, kamen die Schwierigkeiten mit dieser Art von Doppelleben zur Sprache. Sie scheinen ein Charakteristikum des tadschikischen Migrationslebens zu sein. Im Hinblick auf die Beziehungen, welche Aleks und

Ravšan mit Frauen in Russland erlebten, beschreiben die beiden eine positiv bewertete alternative Form des Zusammenlebens dahingehend, dass sie die Verantwortung für die Absicherung des Lebensunterhaltes gemeinsam mit den Partnerinnen tragen würden. Darüber hinaus hätten Aleks und Ravšan in Moskau die Möglichkeit und die Zeit gehabt, ihre Partnerinnen richtig kennenzulernen. Ravšan fügt aber sogleich hinzu, dass in Tadschikistan das familiäre Umfeld aufgrund der „islamischen Regeln" ein solches Beziehungsmodell, das sexuelle Beziehungen vor der Eheschließung einschließt, aber auch ein Aufbrechen der „traditionellen" Rollenverteilung, zumeist nicht dulden würde. Große Erwartungen an normgerechtes Verhalten stellten eine Belastung für die jungen Männer dar (Aleks), vor allem für diejenigen, die kurz nach ihrer Hochzeit erneut in die Arbeitsmigration gehen. Aufgrund fehlender affektiver Bindung zu der Ehefrau in Tadschikistan bei gleichzeitig bestehender emotionaler Bindung an eine andere Frau in Moskau folgt nicht selten Scheidung oder Abbruch des Kontakts nach Tadschikistan (Aleks; Davlatov in Glenn 2009: 20).

Wenn ein bereits verheirateter Mann ein anderes Geschlechterverhalten annimmt oder ein noch unverheirateter Mann eine Frau aus der Migration nach Tadschikistan mitbringt, kann dies zum Bruch mit der Familiengemeinschaft führen (Ravšan; Rustam), denn der junge Mann handelt entgegen der Familienstrategie, wenn von den Eltern bereits geschmiedete Heiratsallianzen zerstört oder gar nicht erst verwirklicht werden. Eine individualistische Entscheidung in Bezug auf die Brautwahl kann von der Familie als Respektlosigkeit gegenüber Eltern und Gemeinschaft aufgefasst werden (Rustam). Um den Schein des Familienzusammenhalts nicht zu gefährden, meiden viele junge Männer die offene Konfrontation mit der Familie oder Gemeinschaft und ziehen ein Doppelleben vor. Aligǒn betont, dass es aufgrund seiner Position in der Familie (er ist der jüngste Sohn und sollte demnach nach der Heirat gemeinsam mit seiner Ehefrau bei seinen Eltern leben) schon an der Zeit für eine Heirat sei; er spricht bereits vor der Hochzeit, die seine Eltern in Tadschikistan arrangiert haben, davon, dass er wohl nach der Heirat ein Doppelleben führen werde. Er würde seine Freundin in Moskau sicher nicht aufgeben (Aligǒn). Für ein solches Doppelleben sei ein gewisses Gehalt vonnöten, da zwei Frauen und die Familie in Tadschikistan versorgt werden müssten. Stolz fügt er hinzu, dass er durch sein gesichertes Arbeitsverhältnis einen guten Lohn bekommt, wodurch er sich eine solche Lebensweise leisten könne (Aligǒn).

Bei meinen Begegnungen und Interviews mit Maorifat wurde offenkundig, dass ein Verhältnis mit einer Frau in Russland nicht gleich eine wirtschaftliche Strategie oder ein Doppelleben implizieren muss. An einem Tag bat er mich, mit ihm ins Moskauer Stadtzentrum zu fahren, damit ich dort von ihm Fotos für seine

Familie und Freunde in Tadschikistan machte. Eilig war für ihn das Vorhaben, da er angab, dass seine Mutter auf der Suche nach einer Ehefrau für ihn war. Bei gutem Wetter – was ihm für die Fotos wichtig war – spazierten wir gemeinsam zum Roten Platz. Überall rund um den Roten Platz, wo auffällige, blonde Russinnen oder Touristinnen aus anderen Ländern zu sehen waren, forderte er mich auf, ihn mitsamt den Frauen zu fotografieren. Noch vor unserem Treffen hatte er mich mehrmals gefragt, ob ich nicht eine Freundin zu dem Fotoshooting mitbringen könnte, da er, wie sich später herausstellte, für einige Fotos ein Frauenmotiv brauchte. Ich hatte keine Freundin mitgebracht, folglich musste auch meine Person für die Fotos herhalten. Da ich etwas zögerlich war, versicherte er mir, dass er die Fotos, auf denen wir gemeinsam abgebildet waren, nur seinen Freunden in Tadschikistan schicken würde, während die Fotos, auf denen er allein abgebildet war, an die Mutter gehen würden. Als wir uns später auf einer Bank niedersetzten, erklärte er mir etwas betrübt, dass er in Moskau gerne eine Freundin hätte. Wir unterhielten uns über die Frauen, die ihm in Moskau gefielen. Eine Freundin wünsche er sich lediglich für die Zeit in Moskau, weil er in jedem Fall in Tadschikistan heiraten wolle. Sobald er genügend Geld für Heirat und Autokauf zusammengespart hätte, würde seine Mutter für ihn eine Heirat in die Wege leiten (Maorifat). Als ich Maorifat einige Wochen später erneut traf, berichtete er mir, dass er schon in zwei Monaten nach Hause fahren würde um zu heiraten. Der Grund für die schnelle Entscheidung war folgender:

> Mir ist es hier langweilig geworden, ich habe Sehnsucht nach zuhause bekommen. Deswegen fahre ich jetzt nach Hause, heirate und komme dann wieder zurück (Maorifat).

Von seinem verdienten Geld konnte er sich bis dahin nur ein Fahrrad kaufen; für das eigentliche Vorhaben, den Autokauf, hatte das Geld noch nicht gereicht, denn: „Für eine Hochzeit braucht man auch viel Geld, einige tausend Dollar". Glücklich zeigte er mir ein Foto, auf dem seine zukünftige Ehefrau abgebildet war. Es war eine Cousine dritten Grades, die er noch nicht kennengelernt hatte. Die Bilder befanden sich unter seiner Schlafmatratze. Er holte zwei weitere Bilder hervor. Auf dem einen Bild war sie „traditionell" gekleidet, das Kopftuch leicht um den Kopf geschwungen. Auf der anderen Fotografie hatte sie ein dunkles Kopftuch, den Haaransatz verdeckend, umgelegt.

Die hier beschriebene Begegnung veranschaulicht, welcher Stellenwert der Beziehung zu einer Frau in Russland zukommt. Da Maorifat keine Freundin in Moskau hatte, war es für ihn wichtig, auf andere Weise in den Besitz von Fotos zu kommen, die ihn zusammen mit einer russischen bzw. einer europäischen Frau (d.h. mit mir) abbilden. Seinem männlichen sozialen Umfeld in Tadschikistan wollte er damit nachweisen, dass er in Moskau Kontakt zu Frauen habe und sogar die Sehenswürdigkeiten der Stadt gemeinsam mit einer europäischen Frau genossen habe. Die Fotos repräsentieren eine Erfolgsgeschichte, die seine Positiverfahrungen in der modernen Welt darstellt und gleichzeitig seine Männlichkeit demonstriert. Osella und Osella (2000: 122) beschreiben „Frauengeschichten" als ein Zeugnis von in der Migration erlangten Wohlstandes. Denn diese Narrative symbolisieren, dass der Migrant genügend Geld erwirtschaftet hat, um sich in der Migration das Zusammensein mit einer Frau zu leisten. Reeves (2010: 239) erklärt in Bezug auf usbekische Arbeitsmigranten aus dem Ferghana-Tal, dass den meisten jungen zentralasiatischen Migranten aufgrund ihrer schwierigen Lebensbedingungen in Moskau – provisorische Unterkünfte, undokumentierter Aufenthalt, Sieben-Tage-Arbeitswoche – alle tatsächlichen Möglichkeiten fehlen, eine „Zweitfrau" oder Freundin zu haben. Geeignete Erzählungen oder auch Fotos helfen den jungen Männern also, diesen prekären Umstand zu überspielen.

Die Begegnung mit Maorifat und die Gespräche mit anderen Migranten zeigten mir deutlich, dass die Erfahrung mit Frauen in Russland und das Ausprobieren der eigenen Männlichkeit als Bestandteil der migrantischen Lebensweise präsentiert wird und zur Erfahrungswelt der etablierten Migranten (David) in Moskau auch tatsächlich dazugehört. Maorifat möchte seinen Freunden ausdrücklich solche Erlebnisse vor Augen führen, die nicht die bedrückenden, sondern die erlebnisreichen, sprich positiv konnotierten Seiten des Migrationslebens darstellen. Die Fotos sind ein Mittel, um im Heimatland Heldengeschichten zu illustrieren. Viele illegale junge Migranten wie Maorifat haben aufgrund ihrer Lebensbedingungen nur wenig tatsächliche Berührungspunkte mit Frauen. Die individuellen Wünsche, die mit dem Migrationsaufenthalt diesbezüglich verbunden sind, bleiben für sie unerfüllt. Mit den Fotos, die Maorifat nach Tadschikistan schickt, bestätigt er die unter jungen Männern präsente Imagination des Migrationsraums, zu dem unter anderem Frauengeschichten gehören, und verleiht ihr Kontinuität. Moskau wird in den Imaginationen zu einem Raum, in dem individuelle Bedürfnisse gestillt werden können, was wiederum bei vielen jungen Tadschiken zum Migrationswunsch führt (Ferūz; Rustam; Kasymova-Interview).

Integration/Segregation

Das Verhältnis zur russischen beziehungsweise in Moskau lebenden Bevölkerung wird von tadschikischen InformantInnen mehrfach als schwierig beschrieben. Auf die Aussage „innerhalb der russischen Bevölkerung gibt es auch gute Menschen" stieß ich häufig (David; Aliğon). Sie impliziert einen generellen Vorbehalt der russischen Bevölkerung gegenüber, welcher sich unter anderem bei meinen InterviewpartnerInnen aus den alltäglichen Erfahrungen von Diskriminierung ergab. Die meisten InformantInnen erklärten jedoch, dass sich bei direktem Kontakt zu solchen RussInnen, die ebenfalls nicht heimisch in Moskau sind, durch gemeinsames Arbeiten oder einen gemeinsamen Schlafplatz Freundschaften entwickeln können (Sitora; Aliğon). In einem solchen Fall ist das verbindende Element die Erfahrung des Durchhaltens in Moskau: fremd sein, Illegalität, Niedriglohnarbeit, ähnliche Vulnerabilität. Zuschreibungs- und Abgrenzungsmechanismen bestimmen ein „Wir-Gefühl" gegenüber „den Anderen" (Helbling 2003: 153), das für Solidarität und Zusammengehörigkeit sorgt. Tadschiken aus Regionen, die sich in Bürgerkriegszeiten feindlich gegenüberstanden, können im translokalen Raum zusammenleben und gemeinsam agieren. „Migrant sein" bzw. „illegaler Migrant sein" in Russland gibt eine Lebensweise, einen Habitus vor, der auf das Leben vieler Migrantengruppen aus dem postsowjetischen Raum zutrifft.

Einige InformantInnen betonten, dass nicht nur das Migrantendasein, sondern insbesondere auch die Zugehörigkeit zum Islam ein verbindendes Element zwischen den zentralasiatischen MigrantInnen darstellt (Aliğon). Anvar beschreibt andererseits das Zusammenleben in einem Waggon und das gemeinsame Arbeiten mit Armeniern als eine gute und wertvolle Erfahrung der Migration: Die Armenier hätten höhere Positionen innegehabt, da sie Spezialisten (*mutachassis*) und die Tadschiken nur einfache Arbeiter (*korgarhoi prostoj*) waren; der Chef (*načal'nik*) war ebenfalls ein Armenier, aber er hätte sich unterschiedslos um die Verbesserung ihrer Arbeitsbedingungen gekümmert. Das Verhältnis zwischen den Tadschiken und den Armeniern sei gut gewesen. Diesen Satz wiederholt er mehrere Male.

> Als ich an meinen ersten Arbeitsplatz kam, waren wir sechzehn Armenier und zwölf Tadschiken. Die Armenier waren Spezialisten und wir waren einfache Arbeiter. Sie wollten, dass wir die Arbeit gut machen, und haben uns alles erklärt. Dann kam der Direktor, ein Armenier, und er war gut zu uns. Weil wir alle nicht getrunken haben, überhaupt keinen Alkohol. Und wir sind immer pünktlich zur Arbeit gekommen und haben jede Arbeit verrichtet. Und die anderen haben alle getrunken, deswegen war er so gut zu uns (*otnošenie chub mekard*) (Anvar).

Ein wesentliches Unterscheidungsmerkmal zwischen den Muslimen (*musulmon*) und den christlichen (*nasroni*) Armeniern waren die Essgewohnheiten. Er zitiert ein Gespräch mit einem Armenier, der ihn während des Fastenmonats zum Essen überreden wollte:

> Als die Zeit des Ramadan war, sind die Armenier zum Mittagessen gegangen und haben dann gefragt: ‚Was, ihr esst nicht?' Und wir haben gesagt ‚Nein!' Dann fragten sie, warum,

und wir sagten: ‚Wegen des muslimischen Gesetzes, Fasten (*musul'manskij zakon, post*)‘. Und dann fragten sie: ‚Sterbt ihr da nicht (*namemureton mi*)?‘ ‚Nein‘, sagten wir. ‚Einen Monat muss das so sein‘ (Anvar).

Selbstbewusst erklärt Anvar, dass er und die anderen tadschikischen Arbeiter auf Schweinefleisch (*gūšti svinja, gūšti chuk*) verzichtet, in eigener Organisation Essen zubereitet und den Fastenmonat durchgehalten hätten. Die unterschiedlichen Ess- und Trinkgewohnheiten von MigrantInnen aus den verschiedenen ehemaligen Sowjetrepubliken boten innerhalb der männlichen Migrantengruppen Unterhaltungsstoff. Mit Humor und Verwunderung wurden sie als wesentliches Unterscheidungskriterium aufgeführt.

Unter den Migrantengruppen kursieren auch andere Stereotype, die meist mit den Branchen zusammenhängen, in denen Vertreter der besagten Nationalität tätig sind. So beschrieben meine InformantInnen aserbaidschanische Migranten häufig als „strenge" und manchmal „herzlose" Händler und Armenier als geschickte und hinterlistige Vorgesetzte (*načal'niki*).[38] Für Anvar boten Zusammentreffen und Interaktionen mit Russen und Vertretern anderer Nationalitäten Gelegenheit, eine andere Lebensweise kennenzulernen und sich durch diese Begegnungen auch der eigenen Heimat *(vatan)* und kulturellen Identität, des „Tadschikischseins", bewusst zu werden:

> *Die Migration (muhoğirat)* ist etwas sehr Gutes. Denn mit der Migration macht man etwas für das eigene Leben. Und wenn man woandershin migriert, dann erfährt man etwas vom Leben der Menschen aus anderen Ländern. Und man sieht dann, ah, so sind die Tadschiken eigentlich, und wie sind die Anderen. Als ich beispielsweise aus Tadschikistan fortging, kannte ich nur Tadschiken; als ich nach Russland kam, habe ich innerhalb eines Jahres mit Russen zusammengesessen, mit Kirgisen, Armeniern, Moldawiern, Aserbaidschanern, ich habe mit allen gearbeitet und gesehen, was es für Unterschiede zwischen uns gibt. Alle sind doch unterschiedlich. Und so habe ich auch meine eigene Kultur *(farhang)* erst verstanden (Anvar).

Anvar hebt die Erweiterung seiner persönlichen Perspektive als eine Entwicklung hervor, die für die Migrationserfahrung spricht. Interaktionen und Freundschaften mit Menschen aus verschiedenen Ländern und die Auseinandersetzung mit ihrer Lebensweise wird in der Nachbetrachtung als prägende Erfahrung beschrieben. Diese Sichtweise wurde auch in zahlreichen Gesprächen in Tadschikistan von vielen, insbesondere älteren, ehemaligen Arbeitsmigranten bestätigt. Ein

---

38 Diese Stereotypen können mit denen, die in den russischen Medien über die speziellen Migrantengruppen verbreitet werden, zusammenfallen, von diesen aber auch stark abweichen.

Migrationsaufenthalt ermöglicht Kommunikation und Freundschaften über nationale Grenzen hinweg, eine „Erweiterung der Netzwerke" (Monsutti 2007: 181). Die vielfach artikulierte „veränderte Weltsicht", die namentlich ehemalige Migranten und Frauen in Tadschikistan als eine positive Folge der Arbeitsmigration betrachten, bezieht sich auch auf das von Anvar umschriebene Erlangen des Bewusstseins für die eigene kulturelle Identität. Manučehr, den ich nur einige Tage nach seiner Ankunft in Moskau traf, zeigte sich, wie alle meine in Moskau arbeitenden Informanten, sichtlich beeindruckt von dem modernen russischen Leben, obwohl er von seinen Freunden schon wusste, „dass es hier schön (*zebo*) ist" (Manučehr). Andererseits fügte er reflektierend und erstaunt hinzu: „Hier gibt es aber wenig Muslime (*ingo musulmana kama?!*)". Die Wahrnehmung der Unterschiede zwischen Heimatkultur und der Kultur des Ankunftslandes, in der sich die meisten Migranten insbesondere in der Anfangszeit noch fremd fühlen, führt auch De Cordier (2011) zufolge zu einer Besinnung auf die eigene kulturelle und religiöse Identität.

Das Erleben des Fremdseins wird durch die Konfrontation mit Ablehnung und Diskriminierung verstärkt. Die marginale Position der tadschikischen Arbeitsmigranten wird auch durch die Medien in Russland propagiert, was laut Kasymova bei den Männern ein Gefühl der Minderwertigkeit und das Bedürfnis nach Abschottung auslöst (Kasymova-Interview).

Barno, die Mitarbeiterin einer Organisation für zentralasiatische MigrantInnen, beobachtet mit Sorge eine Segregation der tadschikischen Arbeitsmigranten:

> Die Menschen, die hierher [nach Moskau] kommen, integrieren sich nicht. Die Mehrheit, neunzig Prozent der tadschikischen Migranten, gelangt in ein illegales Feld und kann sich dadurch nicht in die russische Gesellschaft integrieren. Illegalität und die Vermischung der verschiedenen migrantischen Kulturen – aserbaidschanisch, usbekisch –, und das unter den schwierigen Bedingungen in Moskau, führt zu einer problematischen Situation (Barno).

Für das Misslingen der Integration der tadschikischen Arbeitsmigranten gibt Barno über die kulturalistischen Motive hinaus auch eine Erklärung, die auf eine geschlossene Kausalkette anderer Art verweist: Durch die weit verbreitete Armut in Tadschikistan hätten Tadschiken nur limitierten Zugang zu Bildung, und ohne ausreichende Qualifikation könnten sie nur als Saisonarbeiter im Niedriglohnsektor tätig sein. Wie auch schon Olimova (2009: 370f.) aufzeigt, geht körperlich strapazierende Saisonarbeit zumeist mit einem undokumentierten Status einher. Barno macht auf die Existenz eines „illegalen Feldes" aufmerksam, aus dem „geschlossene migrantische Communities" entstehen:

Die migrantische Lebensweise ist durchtränkt von der Adaption einiger russischer Gewohnheiten – Biertrinken – bei gleichzeitigem selektivem Ausleben der heimischen Kultur. Diese
undefinierbare Kultur weist darauf hin, dass die Migranten sich vom Alten nicht getrennt
haben, aber zum Neuen auch nicht finden. Das ist nicht Tag und nicht Nacht (Barno).

Sie wirft den Angehörigen der Communities vor, eine „migrantische Kultur" her-
vorzubringen, die sich aus einer Mixtur mittelasiatischer und russischer Elemente zusammensetze und weder in die russische noch in die tadschikische Gesellschaft passe. Während sie eine Vermischung der Kulturen beobachtet, sieht
sie gleichzeitig ein nationales oder ethnisches Bewusstsein unter den Migranten
erwachen, das Grund sei für Konflikte zwischen nationalen und ethnischen Communities (Informantin Barno).

Die Lebensumstände der MigrantInnen in Moskau unterstützen Community-
Bildung, was Barno in zahlreichen veröffentlichten Interviews und auch mir gegenüber beschreibt: „Je mehr [die russische Regierung] die Migranten unter
Druck setzt, umso mehr werden diese sich abschotten, das passiert ganz von
selbst".

Aliğon, David und Parviz sind sich einig, dass sie sich im Migrationsraum
Moskau am sichersten und wohlsten im Kreis ihrer Verwandten fühlen, also dass
das familiäre Netzwerk insgesamt die wichtigste Rolle spielt. David ist der erfah-
renste und älteste der drei Arbeitsmigranten. Er beklagt, dass zum Freundeskreis
der meisten seiner in Moskau arbeitenden tadschikischen Verwandten trotz jahrelangen Aufenthaltes in Russland keine ethnischen RussInnen zählen würden:

Mein Cousin wohnt schon zehn Jahre in einem Moskauer Vorort. Er hat aserbaidschanische,
armenische und dagestanische Freunde, und das ist alles. Kein einziger Russe (David).

„Normale Russen" – und da stimmen David und die beiden Anderen überein –
würde man nur auf dem Land finden; innerhalb der Stadtbevölkerung seien sie
eine Seltenheit (*redkost'*) geworden (David). Damit sind diejenigen gemeint, die
sich nicht aufgrund von Vorurteilen abschotten, sondern in Interaktion mit zentralasiatischen Migranten treten.

David beschreibt das Gemeinschaftsgefühl, das in Tadschikistan zwischen
Nachbarn und Verwandten existiere, als Gegensatz zu der in Moskau erlebten
Anonymität:

David: Dort wo ich in Tadschikistan wohne, im Block *(ėtažka)*, ja, weißt du, da ist ein Auf-
gang *(pod'ezd)* und ich schwöre bei Gott, dort kenne ich alle. Ich weiß, was alle machen,
und ich weiß, mit was wer atmet [von was er lebt], wo wer arbeitet. Man begrüßt sich immer
‚assalom alajkum, assalom alajkum'. Genau so ist es, aber hier ist es schlimm. Ich schwöre
bei Gott, der Nachbar geht an mir vorbei und grüßt niemanden.

Aligon: Genau so ist es auch in unserem Dorf. Ja, dort ist es so, weil wir alle miteinander verwandt sind. Wenn etwas passiert, dann helfen wir uns.
David: Ja, so ist es im Dorf, wir kennen uns natürlich, weil wir verwandt miteinander sind, aber bei uns in dem Block wohnen auch Fremde. Aber natürlich wissen wir auch von denen, wer wo arbeitet, von was er lebt, und überhaupt alles.

Die Sehnsucht nach dem Gemeinschafts- bzw. Zugehörigkeitsgefühl, das die MigrantInnen aus Tadschikistan kennen, wird vielfach als eine qualvolle Erfahrung in der Migration beschrieben: Das soziale Miteinander in Tadschikistan, die Intimität zwischen den Familienmitgliedern und Nachbarn steht dabei im Gegensatz zur russischen und großstädtischen Anonymität. Im Interview mit Aligon, David und Parviz werden nahezu idealisierend das Zusammenleben, die Hilfsbereitschaft und die Vertrautheit zwischen den Menschen in Tadschikistan dargestellt. Durch diese Glorifizierung von Heimatort und Familienzusammenhalt wird die Bindung zum Heimatort gefestigt. Das beschriebene Solidaritätsgefühl finden die drei und einige weitere InformantInnen aber auch in der tadschikischen Community und speziell im familiären Netzwerk in der Migration wieder (Zūhro; Dilšod). David stellte mir während des Interviews seinen jungen Neffen vor, der gerade aus Tadschikistan angereist war und in seiner Kebab-Bude aushalf. Mit dem Hinweis darauf, dass der Neffe gleich eingestellt worden war, verdeutlichte er, was er mit der tadschikischen Familiensolidarität meinte: „So wie wir hier alle stehen, siehst du, sind wir doch alle miteinander verwandt und helfen uns" (David).

Während meines Besuchs bemerkte ich, wie viel Leben sich rund um Davids Kebab-Bude abspielte. Gegen Abend gesellte sich ein russischer Nachbar zu uns. Wie sich später herausstellte, kannte er David und dessen „Familienclan", wie er es ausdrückte, schon seit mehreren Jahren, weil er im Nachbarhaus wohnt. David erklärte mir später, als der Nachbar gegangen war, dass sich die Nachbarn (auch Russen) rund um seine Kebab-Bude seit Jahren gegenseitig helfen würden. Im Laufe des Abends trafen auch noch weitere russische NachbarInnen für ein kurzes freundschaftliches Gespräch bei der Kebab-Bude ein. Diese Interaktionen entsprachen nicht dem Negativbild der fehlenden Zwischenmenschlichkeit zwischen TadschikInnen und RussInnen, das mir David noch kurz zuvor im Interview vermittelt hatte. Kein anderer meiner tadschikischen Interviewpartner schien in Moskau so integriert zu sein und geschätzt zu werden wie David. Dies ist jedoch lediglich meine Einschätzung. David hielt an einem dualen, auch von vielen anderen Arbeitsmigranten mir gegenüber repräsentierten Bild der solidarischen, positiven tadschikischen Gesellschaft gegenüber einer anonymen und damit negativ empfundenen russischen Gesellschaft fest.

Durch die Sicherheit, die David mit seiner russischen Staatsangehörigkeit und Registrierung (*propiska*) erlangt hat, verhielt er sich selbstbewusster und auffallender im öffentlichen Raum als seine beiden Cousins und auch als die meisten anderen tadschikischen Arbeitsmigranten, die ich in Moskau traf. Diese Grundsicherheit gewährleistet ihm Handlungsfreiheit. Er unterstreicht dies mit den Worten: „Ich habe die Staatsbürgerschaft und bin gemeldet für dieses Stadtteil, hier kann mir keiner was." Vor diesem Hintergrund wird die Korrelation zwischen Legalität und Integration deutlich, die auch Barno in vielen Gesprächen betonte.

Die Sehnsucht nach der Heimat

Die Sehnsucht nach Familie und Heimatland wurde von allen befragten ArbeitsmigrantInnen als eine der schwersten Erfahrungen des Migrationsaufenthaltes wahrgenommen. Dabei wurden bestimmte Aspekte des tadschikischen Lebens besonders hervorgehoben: das Zusammengehörigkeitsgefühl der Familie (David), die Kochkünste der Mutter oder Ehefrau (Dilšod), die Hilfsbereitschaft innerhalb der Bevölkerung, das Beisammensein an Feiertagen wie Navrūz (Maorifat). Diese starke emotionale Verbundenheit zu Elementen oder Aspekten der Heimatkultur wird durch die Risikofaktoren, welche den Alltag der Migranten prägen, deutlich intensiviert. Frauen in Tadschikistan berichteten, dass sich die Familienbezogenheit ihrer Brüder oder Ehemänner infolge dieser Erfahrung intensiviert habe (Firūza). Durch die große Distanz und die lange Abwesenheit „sehnen die Männer sich nach der Familie" und suchen intensiveren Kontakt. Die Ängste im Alltagsleben der Männer in der Migration sowie die Sorgen um die Arbeitsmigranten bei den zurückgebliebenen Frauen und Familien lassen auf Dauer eine engere familiale Bindung entstehen (Firūza). In den unzähligen alltäglichen Telefongesprächen wird jedoch weniger über Sorgen in der Migration und Probleme am Arbeitsplatz gesprochen. Sie dienen dem Informationsaustausch und der Festigung der Bindung zwischen Arbeitsmigranten und den Eltern:

> Ich spreche mit meinen Eltern täglich. Natürlich wissen die, was ich hier mache und wie ich hier arbeite, aber eigentlich fragen sie mich immer nur, ob ich gut gegessen habe und was ich gegessen habe und ob ich gesund bin (Dilšod).

Bei jeder unserer Begegnungen fragte mich Maorifat, ob ich mit seiner Tante in Tadschikistan gesprochen hätte. Verneinte ich, so holte er sein Telefon hervor und wir riefen sie an. Sie erzählte mir während eines unserer Gespräche, dass Maorifat sie, wie auch die anderen Tanten, fast täglich anrufe. Im Vergleich von Gesprächen mit ArbeitsmigrantInnen, die verschieden lang in Moskau lebten, konnte ich feststellen, dass die Dauer des Aufenthaltes, der Status in Moskau und der Familienstand die Kontaktdichte zur Familie bestimmen. So spricht Šarif, der schon drei Jahre in Moskau lebt und einen gesicherten Status hat, nur noch alle paar Wochen mit seiner Mutter in Tadschikistan (Šarif).

Für andere junge Männer ist die Distanz zur eigenen Familie auf Dauer nicht zu verkraften. So wurden mir gegenüber die Verbundenheit mit der Familie und die Sehnsucht nach spezifisch tadschikischen Kultureigenschaften auch als ein Grund für die Rückkehr nach Tadschikistan angeführt.[39] Es gibt viele Faktoren, die für den Abbruch einer Migration bestimmend sind. Meist hängen sie mit Misserfolg (Arbeitslosigkeit) in der Migration, Krankheit oder anderen Risiken zusammen; Umfragen zufolge werden als primäre Gründe für die Rückkehr die nach Tadschikistan die Sehnsucht nach den Verwandten, die Überbrückung der arbeitslosen Wintermonate in Russland, und die ökonomische Krise in Russland angegeben (Umarov 2010: 31).

Die meisten Zurückkehrenden (70 %) beabsichtigen dennoch eine erneute Migration nach Russland (ebd.), denn wie Migrierende und Zurückkommende auch mir gegenüber in Gesprächen zum Ausdruck brachten, ist die ökonomische und politische Lage Tadschikistans unverändert schwierig, sodass die meisten nicht wissen, wie sie alternativ den Lebensunterhalt absichern könnten (Anvar; David; Dilšod; Manučehr u.a.).

„In Russland kämpft jeder nur für sich allein"

Inwieweit Hilfsbereitschaft unter MigrantInnen im Migrationsraum tatsächlich vorhanden war, kann auf der Grundlage meiner Interviews und Beobachtungen nur schwer ermittelt werden. Manche MigrantInnen betonten die Existenz und Bedeutung von Solidarität, sprachen aber im gleichen Satz ihre Frustration über fehlende Hilfeleistung von Freunden und Verwandten aus, denn „in Russland kämpft jeder nur für sich allein" (Ferūz). Diesen Satz bekam ich sowohl in Tadschikistan als auch in Russland häufig zu hören. Vor allem bei der ersten Reise erleben die undokumentierten jungen Migranten, dass sie von den Älteren zwar ins Migrationsleben eingewiesen werden, dass sie sich dann aber zunehmend als Einzelkämpfer durch den Alltag schlagen müssen (Sitora). Mit ihrem rechtlichen Status und den Anforderungen am Arbeitsplatz müssen sie allein zurechtkommen.

---

39 Da ich nur wenige die Migration abbrechende junge Männer interviewt habe, bin ich auf das Thema Migrationsabbruch nicht tiefer eingegangen.

Sitora und Aleks, die ich in Moskau kennenlernte und häufiger in ihrer Wohnung besuchte, waren ein durch *nikoh* verheiratetes Paar. Sie ließen ihre Ehe gegen den Willen von Aleks' Familie schließen, aus Liebe. Sitora hatte bereits eine Tochter aus erster Ehe und war geschieden, und Aleks hatte seine Ehefrau in Usbekistan zurückgelassen, ein Umstand, der den Einwand der Familie erklärt. Sie beide waren meine einzigen InterviewpartnerInnen, die in ihrer Erzählung die repräsentierte Familiensolidarität in der Migration offen in Frage stellten. Als Sitora aufgrund einer Krankheit lange nicht arbeiten konnte und auch Aleks seinen Arbeitsplatz verlor und kein Geld nach Hause brachte, war niemand aus ihrem familiären Netzwerk bereit, ihnen zu helfen:

> Wir hatten nicht mal mehr Geld für Brot, und trotzdem haben die [Verwandten] nicht geholfen (Sitora).

Dabei lebten sie alle zusammen in einer Wohnung in Moskau und ihre Verwandten und MitbewohnerInnen hätten nicht übersehen können, in welcher schweren Situation die beiden sich befanden. Sitora erinnert sich, dass Aleks sich nicht traute, Freunde um finanzielle Unterstützung zu bitten. Als Sitora sich um Hilfe an ihre Verwandten wandte, die gemeinsam mit ihr in der Wohnung lebten, sei ihr erwidert worden: „Du hast doch einen Mann hier, der muss dich unterstützen". Die beschriebene Reaktion spiegelt die gesellschaftsspezifischen Normen bzw. das Rollenverständnis der Gemeinschaft wider: Wenn der Ehemann anwesend und bei Kräften ist, ist sie auf seine materielle Unterstützung angewiesen (Olimova und Kuddusov 2007: 36; Kasymova 2007: 165). Die geschlechterspezifische Rollenverteilung wird von der Gemeinschaft zur Legitimation für die Verweigerung von Unterstützung angeführt, zumal sie ihren Ehemann auch noch selbst ausgewählt hat.

Um mir die Lebensweise der tadschikischen ArbeitsmigrantInnen in Moskau zu zeigen und die Wahrhaftigkeit ihrer Erzählungen zu demonstrieren, lud Sitora mich für eine Übernachtung zu sich nach Hause ein. Sitora und Aleks wohnen mit 15–20 anderen ArbeitsmigrantInnen in einer 40-Quadratmeter-Wohnung. Als ich sie zum ersten Mal in ihrer Wohnung besuchte, fiel mir schon nach wenigen Minuten auf, dass die durch viele Menschen in Tadschikistan repräsentierte „tadschikische Geschlechterordnung" (Firūza) für diesen Wohnraum nicht galt. Zwar wurden mir Frauen- und Männerschlafzimmer gezeigt, doch aufgrund des Platzmangels nächtigten auch Frauen im Männerzimmer, und wenn die Frauen männlichen Besuch bekamen, so schlief dieser im Frauenraum. In dieser Wohnung wird die Geschlechtertrennung höchstens pro forma eingehalten. Die häuslichen Aufgaben wie Kochen, Putzen und Waschen bewerkstelligt jeder in dieser Wohnung für sich. Als in der Nacht die alte Waschmaschine nicht mehr funktionierte, waren es die Frauen, die sich an die Reparatur machten. Die Männer schliefen oder schauten Fernsehen. Die Atmosphäre in dem Wohnraum erinnerte durch ihre Anonymität an eine Zwischenstation oder eine Pension; jede/r MitbewohnerIn hat einen Schlafplatz (das heißt, eine Matte), wofür er/sie monatlich 100 Dollar zahlt. Als ich Sitora und Aleks auf die anonyme und angespannte Stimmung in der Wohnung ansprach, erklärte mir Aleks, dass manche Bewohner nachts nach Hause kämen und andere nicht, aber so lange man nicht miteinander verwandt sei, würde man sich nicht für das Leben der Anderen interessieren. Am Abend und am Morgen stritten sich die Frauen in der Küche, und die Männer versuchten die aufgebrachten Frauen zu beruhigen. Als ich Sitora später nach dem Grund für die Auseinandersetzungen fragte, zuckte sie nur mit den Schultern und sagte: „Hier brennen einfach manchmal die Nerven durch" (Sitora).

Barno erklärt, dass die Belastungen in Zusammenhang mit Illegalität, dem Leben im andauernden Risikozustand und der ständigen Angst nicht nur zu kulturell-sozialer Isolation führen können, sondern auch zu psychischen Erkrankungen und Traumata, was Olimova und Kuddusov zufolge (2007: 7) auf 5 Prozent der Arbeitsmigranten zutrifft.

Tachmina, eine junge ehemalige Arbeitsmigrantin, die ihren Ehemann in die Migration begleitet hatte, beschreibt anhand ihrer Erfahrungen, wie die Lebensumstände in Moskau, das „jeder kämpft für sich allein", die Psyche beeinflussen:

> Tachmina: Nein, nein, er verändert sich vollkommen, da sich dort seine Psyche völlig verändert, überhaupt-, der Mensch wird völlig verschlossen alleine dort, wissen Sie [gestikuliert mit den Händen]: Nur schnell zur Arbeit, schnell, schnell, schnell, und schnell wieder nach Hause. Wissen Sie, wie der Mensch wird, wie-
> W: Wie eine Maschine?
> Tachmina: Genau, genau, erstmal wird er wie ein Roboter und seine Seele, wissen Sie, wie es in ihr aussieht, so eine unter ewiger Angst leidende, andauernde Angst-, dass einen die Polizei einfängt, oder dass einen irgendwelche anderen Leute, diese Skinheads, kriegen – und mit einer solchen Angst in sich verändert sich der Mensch, sicherlich verändert er sich, seine Psyche wird zerstört.
> W: Und wenn er nach Hause kommt?
> Tachmina: Er wird genauso sein, angespannt, gereizt, nervös, bis er sich wieder an alles gewöhnt und wieder beruhigt hat, und das braucht auch Zeit, und das bedeutet [für die Frau] auch Nerven, und wie man so sagt, es strapaziert die Gehirne und so weiter.

Tachmina konnte der psychischen Belastung, ausgelöst durch die andauernde Angst, die Erfahrung von Diskriminierung in der Öffentlichkeit und die Konflikte mit ihrem Ehemann im Privaten, nicht standhalten und kehrte nach zwei Monaten nach Tadschikistan zurück. Eine weitere Reaktion auf die psychischen Belastungen in der Migration, die zum Beispiel von Zühro bei ihrem Schwager während seines Moskau-Aufenthalts beobachtet wurde und von der auch andere ArbeitsmigrantInnen berichten, ist der Alkoholismus (Zühro; Rustam).

Šarif hält allerdings dagegen, dass das Schicksal eines Arbeitsmigranten in seinen eigenen Händen liege. Gerade weil die Lebensbedingungen, also der Einzelkampf und das Verarbeiten der Illegalität in der Migration, schwierig sind, müsse der Migrant lernen, für seinen Erfolg zu kämpfen (Šarif). Zum Unterstreichen seines Standpunkts berichtet er von einer Begegnung aus der Anfangszeit, als er gerade in Moskau angekommen war. Sie sollte ihn für sein Leben prägen und vor dem Scheitern bewahren.

> Als ich nach Moskau kam, habe ich einen obdachlosen Lehrer kennengelernt. Er hatte in Usbekistan in einer Schule Mathematik unterrichtet. Man hatte ihm einen guten Arbeitsplatz hier in Moskau angeboten, da er sein Fach gut kannte. Und dann aber, als er schon hier war, hat sich rausgestellt, dass man ihn angelogen hatte. Da er kein Geld mehr hatte, fing er an, als Reinigungskraft in der Metro zu arbeiten. Als er dort arbeitete, quälte ihn sein Gewissen. Jedes Mal, wenn er zehn Stunden arbeitete, quälte er sich so sehr, dass er irgendwann von dem Arbeitsplatz weggegangen ist. Als ich ihn traf, hatte er eine Bierflasche in den Händen und er sagte mir: ‚Mein Sohn, mein Sohn, egal wie schwierig es in deinem Leben sein wird, versuche immer, etwas Besseres zu erreichen. Schätze dich selbst immer gut ein und suche immer nur nach einer besseren Arbeit. Lass dich niemals auf eine niedrige Arbeit ein, egal wie schwierig es für dich ist.' Er hat das gesagt, weil ein Mensch, der einmal als Niedriglohnarbeiter arbeitet, immer dort bleiben wird. Er wird niemals seine Ziele erreichen, so ist nämlich die Situation hier. Die Menschen, die hierhergekommen sind, denken, dass sie hier großes Geld verdienen werden, aber sie tun nichts dafür. Man belügt sie, aber sie sind selbst daran schuld (Šarif).

Die Begegnung mit dem Schicksal dieses älteren Mannes habe ihn gelehrt, Verantwortung für das eigene Leben zu übernehmen und stets für die Verbesserung seiner Lebenssituation zu kämpfen. Šarif beschreibt die Begegnung mit dem Mann wortwörtlich und unterstreicht damit die Intensität der Aussage. Viele Ausdrücke aus der Rede dieses Herrn werden von Šarif im Laufe des Interviews immer wieder aufgenommen, besonders in Momenten, in denen er über Eigenverantwortung spricht.

Anhand seines eigenen Lebenslaufs beschreibt Šarif, wie sehr er die Worte des älteren Mannes verinnerlicht hat. Das Ingenieurstudium, für das er den Weg nach Russland gewählt hat, sei für ihn, der kein Muttersprachler im Russischen ist, eine große Herausforderung, die er aber dank seiner Geduld und seines Ehrgeizes gemeistert habe. Neben dem harten Studium habe er eine gut bezahlte Arbeit als Kochgehilfe in einem Restaurant gefunden (Šarif). Diese Arbeit habe er aber nur aufgrund des „Selbstbewusstseins" gefunden, das der Lehrer angemahnt habe. Šarif zitiert diesen Dialog, um im Folgenden auf die jungen Männer seiner Altersklasse hinzuweisen, die großteils nicht nach Aufstiegsmöglichkeiten suchten, sondern ihre Talente verkommen ließen. Die Begegnung mit dem Mann sieht er als Warnung, wie das Vergeuden von Talent auch das moralische Verhalten („in seinen Händen hielt er ein Bier") beeinträchtigen kann.

Religiosität in der Migration

Die Rückkehr des Islam in die Öffentlichkeit ist eine postsowjetische Entwicklung, die in den urbanen Gebieten Tadschikistans deutlich erkennbar ist (Stephan 2010: 43–46). Die Tendenz ist aber auch bei TadschikInnen im translokalen urbanen Raum gegeben, so zum Beispiel in Moskau. Die schwierigen Alltagsrealitäten im russischen öffentlichen Raum wecken das Bedürfnis nach Orten und Gemeinschaften, an bzw. in denen gemeinsam der Islam praktiziert werden kann. Dazu konstatiert De Cordier (2011): „More importantly, labour migration affects religious self-identification and the degree of practice." Die gleiche Entwicklung beschreibt auch Werbner (2003: 6f.) in ihrer Forschung zur pakistanischen Community in Großbritannien. Sie sieht die verstärkte religiöse Praxis in den Communities als Antwort auf fehlenden staatlichen Schutz, in der Suche nach Rückhalt und im Bedürfnis nach Zusammengehörigkeit (ebd.). Die Migration spiegelt in einer konzentrierten Weise die Rückkehr des Islam als „kulturelle bzw. moralische Ressource" in Zeiten, die durch ökonomische und soziale Unsicherheit geprägt sind (Stephan 2010: 291).

Die hier thematisierten Hürden und Schwierigkeiten der Migration schweißen die tadschikischen ArbeitsmigrantInnen zusammen und lassen sie gemeinsame Alltagsstrategien entwickeln, zu denen auch die religiöse Praxis gehört (Ferūz). Sitoras Aussagen und auch meine Beobachtungen bestätigen, dass im privaten Lebensbereich während des Migrationsaufenthaltes, insbesondere in männerdominierten Kreisen, eine religiöse Besinnung stattfindet. Der Gang zur Moschee und das Gebet nehmen im Alltagsleben der Migranten eine wichtige Rolle ein. Als ich Sitora in ihrer Wohnung in Moskau besuchte, konnte ich feststellen, dass sich alle anwesenden Männer aus den verschiedenen Regionen Tadschikistans zu den Gebetszeiten auf ihren aneinandergereihten Schlafmatten zum Gebet versammelten. Die Frauen hingegen blieben vor dem laufenden Fernsehgerät sitzen.

Vielen hat erst die veränderte Situation infolge der Arbeitsmigration einen persönlichen Zugang zur Religiosität verschafft (Informantin Barno; Ferūz). Nicht selten spielte bei den Eltern der ArbeitsmigrantInnen in Tadschikistan die religiöse Praxis eine untergeordnete Rolle. Erst durch das Zusammenleben mit anderen praktizierenden Muslimen in der Migration haben die Arbeitsmigranten mit dem Beten (*namoz chondan*) angefangen (Dilšod; Ferūz). Dazu bemerkt De Cordier (2011):

> A solid majority of migrants, even among those who practice little at home, tend to do the opposite and rediscover the Islamic part of their background and continue with or increase practice to one extent or another. This is seen as a continuation of a traditional identity and cultural defence vis-à-vis a new environment and radical social change both at home and abroad.[40]

Auch Šarif beobachtet, dass das Leben in Unsicherheit und die Begegnung mit fremden Moralvorstellungen zu Besinnung und zur Suche nach Halt in der Religion führt:

> Menschen, die hierherkommen, sehen, wie die Leute hier alles schlecht machen und sich unschön verhalten. Sie sehen das alles, zum Beispiel wenn sie sehen, wie die Russen hier trinken und betrunken sind. Ein Mensch versteht dann, dass er richtig gehandelt hat und dass sein Weg der richtige Weg war. Er begreift, dass es richtig ist, nicht zu trinken. Es gibt aber Menschen, die sich bemühen, und es klappt trotzdem nicht [lacht] (Šarif).

Der Islam wird von den Informanten in Moskau als eine Kraftquelle angesehen, aus der Durchhaltevermögen und Selbstvertrauen geschöpft werden können (Ferūz; Šarif; Ravšan). Die Religion stellt aber auch ein Element der Verbindung zu MigrantInnen und einheimischen Angehörigen anderer ethnischer Gruppen dar. In einer der vielen Moscheen, die in Russland errichtet wurden, treffen sich Migranten verschiedener Herkunft, aber auch einheimische Tataren, zum gemeinsamen Gebet (Informantin Barno).

Aus einer ähnlichen Sorge heraus, wie sie Šarif formuliert – die Tadschiken würden hier „sehen, wie die Russen sich benehmen, und sich dann genau so verhalten" – organisierte Mavzuna, eine junge Tadschikin, die ich in den Räumen einer Beratungsstelle für ArbeitsmigrantInnen traf, seit Monaten regelmäßige Treffen für tadschikische StudentInnen und ArbeitsmigrantInnen, bei dem „ordentliches moralisches Verhalten" gelehrt werde (Mavzuna). Über soziale Netzwerke im Internet werden die jungen MigrantInnen für diese Lektionen angeworben. Zu einem der Treffen war ein junger „Mullo" eingeladen, dessen Ziel es war, den jungen Tadschiken Bedeutung und Essenz des Glaubens nahezubringen. Während der Lektion offenbarte er den ZuhörerInnen auch seine persönliche Migrationsgeschichte, die ihn dazu gebracht habe, sein Leben dem Glauben unterzuordnen. Während seines einstündigen Vortrages ermahnte er die jungen

---

[40] De Cordier (2011) betrieb seine Forschung im Vachš-Tal, einem Gebiet, das von besonderer Religiosität geprägt ist und eine starke Migrationsintensität aufweist.

TadschikInnen, sich nicht der russischen Moral hinzugeben, sondern stark zu bleiben und durch Einhalten der islamischen Glaubensregeln, wie beispielsweise das Verrichten der Gebete, die Kraft für eine korrekte islamische Lebensweise zu finden. In strengem Tonfall gab er seinen ZuhörerInnen zu verstehen, dass ihnen der Weg ins Paradies (*ğannat*) versperrt bliebe, wenn sie sich der russischen Lebensweise hingäben.

Barno blickt durchaus kritisch auf die gestiegene Religiosität unter den männlichen Migranten. In einigen Moscheen würden unwissende junge Männer mit verbotenen radikal-islamischen Büchern versorgt werden. Der Migrationsraum verschaffe „islamischen Missionaren" Zugang zu jungen Tadschiken (Informantin Barno). Rustam beschreibt ebenfalls den Einfluss von „gewissen Mullos", der bei den Jugendlichen zu einer fanatischen Hinwendung zum Islam führen würde:

> Nein, die lesen doch den Koran nicht, wie soll ich dir das sagen, sie sind so wie Fanatiker. Sie hören diesen Mullos genau zu, was die da reden. Ja, so ist es, sie hören zu und glauben dann alles. Aber wenn sie mal selbst den Koran lesen würden, dann würden sie ganz anders denken, das sollten sie mal. Als ich mal selbst den Koran gelesen habe, da hat sich meine Meinung stark verändert (Rustam).

De Cordier kommt in seinem Artikel (2011) auch auf das Internet und die Nutzung von Mobiltelefonen zu sprechen, durch welche zunehmend religiöse Inhalte verbreitet würden, die von der tadschikischen Regierung nur schwer zu kontrollieren seien. Auch wenn die Web-Seiten von nicht-staatlichen Religionsführern in Tadschikistan geblockt seien, geraten sie dennoch in Umlauf und sind somit auch für die MigrantInnen in Moskau zugänglich. Die Migration der jungen Männer ist jedoch weniger für die Radikalisierung, aber mitunter für die steigende Religiosität in Tadschikistan verantwortlich, die die tadschikische Regierung durch Restriktionen und Gesetze zu unterbinden versuche (ebd., Informantin Barno, Šarif).

Die „Schule der Arbeitsmigration"

Die jungen Männer, die zum ersten Mal den geschützten familiären Rahmen für die Arbeitsmigration verlassen, sind schlagartig selbst für ihr Überleben zuständig. Da sie losgelöst von familialer Obhut sind, manche noch keine harte physische Arbeit kennen und in Ferūz' Worten ausgedrückt „lebensunerfahren" sind, riskieren sie durch unbedachten Körpereinsatz ihre Gesundheit (Zūhro).[41] Ferūz begegnet bedingt durch seine Arbeit in einer Stiftung in Moskau vielen tadschikischen ArbeitsmigrantInnen. Er unterteilt sie folgendermaßen: „Es gibt diejenigen, die die Schule der Arbeitsmigration (*škola trudovoj migracii*) bestanden haben, und solche, die sie nicht geschafft haben" (Ferūz).

Mit dem Ausdruck „Schule" wird der Migrationsaufenthalt mit einer Ausbildungszeit verglichen. Viele Migranten haben, wie zum Beispiel Manučehr, keinen Schulabschluss und keine höhere Bildung. Der Mangel an Ausbildungsmöglichkeiten in Tadschikistan kann mit einem Eintritt in die „Schule der Arbeitsmigration" kompensiert werden. Durch *learning by doing* eignen sich die Arbeitsmigranten ein Handwerk oder auch andere Kenntnisse an, die sie später in Tadschikistan auch ohne offiziellen Abschluss auf Dauer für einen Arbeitsbereich qualifizieren werden. Für einige junge Männer, deren Familiennetzwerk nur über beschränkte finanzielle Ressourcen verfügt, bietet allein die Arbeitsmigration eine Ausbildungsmöglichkeit. Die tadschikischen Studenten in Moskau und Tadschikistan betonen die positive Auswirkung der Arbeitsmigration auf die berufliche Zukunft ihrer Altersgenossen (Ferūz; Anvar; Šarif). Ferūz und Šarif, die neben ihrem Studium eine gute Arbeit in Moskau gefunden haben, behaupten, dass Bildungsdrang und Geduld vonnöten sei, um in Moskau ein „normales" und „würdiges" Leben führen zu können. Beide beklagen die Unwissenheit der Arbeitsmigranten ihrer Altersgruppe. Sie begründen deren Vulnerabilität mit dem niedrigen Bildungsstand:

> Wenn Menschen ungebildet sind, dann sind sie viel angreifbarer. Man kann sie eher steuern und ausnutzen. Die Gebildeteren [dagegen] wenden sich an beratende Organisationen, oder sie wissen selbst etwas über ihre Rechte. Sie wissen, welche Papiere sie brauchen und was sie von ihrem Arbeitgeber verlangen können (Šarif).

In der „Schule der Arbeitsmigration" wird der Migrant nicht nur „ausgebildet", sondern erwirbt idealerweise auch die Lebenserfahrung, die ihm nach Ferūz' Auffassung aufgrund der Lebensbedingungen in Tadschikistan oft fehlt:

> Aber die meisten, die nach Moskau kommen, sind einfach nicht gut vorbereitet und haben keine Ahnung von dem Leben hier. Sie kommen hierher und wissen einfach noch gar nichts. Es geht nicht darum, dass sie nicht zur Schule gegangen sind, sondern diese Menschen sind einfach lebensunerfahren (Ferūz).

---

41 Es ist der gesundheitsgefährdende Körpereinsatz – neben der Illegalität –, der junge Arbeitsmigranten in Russland zu einer Risikogruppe macht (Umarov 2010: 20–21).

Ferūz und Šarif sehen als Resultat des Zusammentreffens von fehlender Bildung und Unreife, dass es den unerfahrenen jungen Arbeitsmigranten an Selbstschutz und Verantwortung fehle, wodurch sie sich in Moskau ausbeuten lassen würden. Diejenigen Migranten, die trotz Bildungsmangels und Illegalität lange in Moskau durchgehalten haben, sind Ferūz zufolge reifer bzw. lebenserfahren geworden:

> Die einen haben die Schule der Migration absolviert und wissen, was es heißt, in Moskau ohne Papiere und Bildung und so weiter zu arbeiten (*udačniki*). Es gibt sogar diejenigen, die hier sechs Jahre illegal gearbeitet haben und die dann nicht mehr nochmal nach Moskau kommen wollen, da sie wissen, was es heißt, hier illegaler Migrant zu sein. Sie bleiben dort [in Tadschikistan] und versuchen alles, um dort zu überleben (Ferūz).

Zūhro wiederum beschreibt am Beispiel ihrer Brüder die gesammelte Lebenserfahrung als einen positiven Aspekt der Arbeitsmigration:

> Trotz allem gibt es viele Pluspunkte dadurch, dass sie dort hinfahren. Als erstes: Sie lernen dort, für sich selbst zu sorgen und sie lernen, wie es ist, mal alleine zu sein, wenn mal niemand hinter einem steht (Zūhro).

In dieser Zeit selbst für sich zu sorgen beinhaltet auch, dass die jungen Männer während ihres Russlandaufenthaltes bestimmte häusliche Arbeiten wie Kochen, Putzen und Wäschewaschen bewältigen lernen, die in Tadschikistan in der Regel die Frauen der Familie leisten. Vom Jugendalter bis zum Zeitpunkt der Migration hätten die Eltern und vor allem der Vater ihren Brüdern alle Wünsche erfüllt (Zūhro). Erst durch den Migrationsaufenthalt habe sich Aligon von der elterlichen Fürsorge gelöst und die Abhängigkeit überwunden. Mittlerweile seien alle Brüder von Zūhro, auch der Jüngste, Aligon, der als einziger den Migrationsweg bestritten hat, von den Eltern unabhängig und würden den Eltern finanzielle Hilfe leisten (Aligon; Zūhro).

4 Übergangsriten zwischen Tadschikistan und Russland

Der Begriff „Schule der Arbeitsmigration" vergleicht die Migration mit einem Lern- und Reifungsprozess. Nur wer über einen Grad an Reife verfügt bzw. Männlichkeit beweist, hat die Prüfungen bestanden und kann als erfolgreicher Migrant nach Tadschikistan zurückkehren oder hat sich verantwortungsbewusst für die Legalisierung seiner Arbeit in Russland entschieden. In der Lebensphase der Migration wird ein Migrant weitergebildet, er wird sozusagen lebenserfahren. Durch die Gegebenheiten in Moskau ist der Migrant einer Prüfung unterzogen worden, die „unreife" Männer nicht bestehen, beispielsweise wenn sie in der Migration eben kein Geld erwirtschaftet haben. Die von Ferūz eingebrachte Interpretation der Migration legt eine Betrachtung von Migration in Zusammenhang von sozialen Übergängen zwischen einzelnen Lebensphasen und Entwicklungsschritten nahe, mit denen sich insbesondere Van Gennep (1986) und Turner (2000) beschäftigt haben.

Van Gennep sieht das gesellschaftliche Leben gekennzeichnet durch Übergänge von einer Altersstufe in die nächste und durch den Wechsel von Tätigkeiten (Van Gennep 1986: 15). Ein Mensch durchläuft während seines Lebens verschiedene Positionen: Kindsein, Pubertät, Hochzeit, Alter. Spezielle Riten und Zeremonien begleiten die sozialen Übergänge von der einen Position, die durch einen Status bestimmt ist, in die nächste. Die Funktion von Riten und Zeremonien ist es, Störungen in der Gesellschaft zu vermeiden und das Chaos während der Übergänge in einem kontrollierbaren Rahmen zu halten, damit das Wohl der Gesellschaft erhalten bleibt (Van Gennep 1986: 15).

In Moskau demonstriert der junge tadschikische Migrant durch phasenbegleitende Rituale wie beispielsweise tägliche oder wöchentliche Telefongespräche und durch das Senden von Fotos, Rücküberweisungen und Präsenten, dass sein Übergang in kontrollierten Bahnen verläuft. Van Genneps Werk ist auch deshalb für unser Phänomen relevant, weil es neben zeitlichen auch räumliche Übergänge berücksichtigt. Der Wechsel des sozialen Status beinhaltet auch einen Wohnortwechsel, die Heirat wäre ein Beispiel hierfür (Van Gennep 1986: 184). Auch die Migration nach Moskau setzt einen Wohnortwechsel voraus, der – auch wenn er nur temporär ist – den Übergang zu einem gesellschaftlichen Positionswechsel einleiten kann.

Mit der Analyse der rituellen Praxis bei verschiedenen Völkern zielte Van Gennep darauf ab, in Bezug auf die europäische Gesellschaft des 19. Jahrhunderts

https://doi.org/10.1515/9783110668933-004

ein Strukturschema der Übergänge zu entwickeln (Van Gennep 1986). Sein Ergebnis ist ein universelles Drei-Phasen-Modell der Übergangsriten: Die Trennungsriten kennzeichnen zunächst die Phase der Ablösung von einem Ort oder einem Zustand; die Schwellen- bzw. Umwandlungsriten bilden daraufhin die „Schwellenphase", also das Schweben zwischen zwei Welten; die dritte Phase mit „Angliederungsriten" dient der Integration in einen neuen Ort oder Zustand (Van Gennep 1986: 21). Auf diese Weise wird der Statusübergang vollzogen. Victor Turner (2000) stützt sich auf das (räumliche) Van Gennepsche Drei-Phasen-Modell und konzentriert sich auf den Schwellenzustand, für den er auch den Begriff der *Liminalität* verwendet (Turner 2000: 95). Sie folgt nach der Entbindung des Einzelnen oder einer Gruppe von einem fixierten Punkt der Sozialstruktur (Turner 2000: 94).

Wird das Drei-Phasen-Modell auf den Migrationsprozess eines jungen Mannes aus Tadschikistan übertragen, so bedeuten Abschied und Abfahrt die Trennung von der Jugend und damit die Ablösung; der Migrationsaufenthalt stellt die Schwellenphase dar, und die Rückkehr kann schließlich als die (Re-)Integration in die Gesellschaft angesehen werden.

Der Migrationsaufenthalt kann anhand der Darstellungen des Russlandaufenthaltes als ein Reifungsprozess verstanden werden, der mit einem Statusübergang den Abschluss der Jugendphase markiert. Aufgrund der transformierenden Eigenschaft, die die liminale Erfahrung mit sich bringt, haben Monsutti (2007: 181–182) bezüglich afghanischer Arbeitsmigranten in Iran und auch Roche den Migrationsaufenthalt junger Tadschiken als einen solchen interpretiert (2010: 316–317). Explizit wird dieser bedeutende Reifungsprozess in dieser Studie von Ferūz, David und Aliǧon angesprochen. Wie oben geschildert, vergleicht Ferūz die Arbeitsmigration mit einem Lern- und Reifungsprozess, den die jungen Männer bewältigen müssen. Für David bedeutete die Migration Erwachsenwerden, da er mit seinem Fortgang angefangen hat, für das Wohl der Eltern zu sorgen (S. 27–28). Sobald die Zeit gekommen ist (*vaqt šud*), sah auch Aliǧon die Migration als einen Weg an, um seine Reifung unter Beweis zu stellen (S. 36).

Nach meiner Auffassung kann der Migrationsraum aufgrund einiger wesentlicher Charakteristika, die in den vorangegangenen Kapiteln thematisiert wurden, im Sinne von Turner als „anti-strukturell" betrachtet werden. Der Begriff „Anti-Struktur" impliziert hier keineswegs etwas Negatives, sondern kennzeichnet die mittlere Phase des Übergangsritus, die Turner mit den Konzepten von *Liminalität* und *Communitas* beschreibt (Turner 1974: 272–273). In dieser liminalen Phase verlassen die Initianden die Sozialstruktur und geraten in einen Zwischenraum, der von Ambiguität gekennzeichnet ist, da zu den liminalen Erfahrungen sowohl körperliche Qualen als auch Freiheiten gehören (ebd.: 190–191). Sie befinden sich in einem Ausnahmezustand, der sich vom bislang gelebten und vom zukünftigen Zustand gravierend unterscheidet: „Schwellenwesen sind weder hier noch da; sie sind weder das eine noch das andere, sondern befinden sich zwischen den vom Gesetz, der Tradition, der Konvention, und dem Zeremonial fixierten Positionen" (ebd.: 95). Sie sind quasi „Grenzgänger" in einem Zustand *„betwixt and between"* (Turner 1974: 232). Die Initianden sind in dieser transformierenden Phase statuslos, eine Grundvoraussetzung, um einen höheren Status zu erreichen (Turner 2000: 97). In der „Anti-Struktur" erleben sie sowohl Freiheiten als auch Restriktionen und Erniedrigung, welche mit körperlichen Torturen einhergehen können, wodurch sie letztlich einem Härtetest unterzogen werden (Turner 2000: 103).

Die „anti-strukturelle" Eigenschaft des Migrationsraumes birgt einerseits durch die Konfrontation des Migranten mit Statuslosigkeit (Illegalität) und der herausfordernden physischen Arbeit eine Erfahrung der Begrenztheit; der Aktionsradius der jungen undokumentierten Arbeitsmigranten in Moskau beispielsweise ist aufgrund der Gefahr und der Angst vor einer Kontrolle durch die *milicija* (Polizei) oder andere Sicherheitskräfte auf minimale Wege zur Arbeit, auf welchen sie das Stadtzentrum umgehen müssen, beschränkt. Andererseits beinhaltet die Migration durch erlebte Entgrenzung auch Elemente einer *Communitas*-Erfahrung im Turnerschen Sinne. Mit dem Konzept der *Communitas* („Gemeinschaft Gleicher" (Turner 2000: 96)) geht Turner auf das Erleben von Gemeinschaft zwischen Menschen ein, welches sich durch Homogenität, Heiligkeit, Spontaneität und Unmittelbarkeit der Struktur entgegensetzt (Turner 2000: 124–127). Rang- und Statusunterschiede sind in der *Communitas* aufgelöst (ebd.: 95). Egalitarismus, Verbundenheit und Kameradschaft kennzeichnen die sozialen Beziehungen in einer *Communitas*-Erfahrung (Turner 2000: 95; 169). Sie wird jedoch „[...] nur evident oder erreichbar durch Gegenüberstellung oder Kreuzung mit Aspekten der Sozialstruktur. [...] Denn Communitas hat eine existenzielle Qualität; sie betrifft den ganzen Menschen, der in Beziehung mit anderen ganzen Menschen steht" (Turner 2000: 124).

Entgrenzend wie in der *Communitas*-Erfahrung wirken, bezogen auf den Migrationsraum, Netzwerkerweiterung (Solidarität und neue Freundschaften), der Umgang mit eigenem Geld, die Möglichkeit zum Alkoholkonsum und moralische Freiheiten in Bezug auf Verhalten im Wohnraum – die strikte Trennung zwischen den Geschlechtern wird aufgelöst – und Bekanntschaften oder Beziehungen mit dem anderen Geschlecht.

Das Sichtbarwerden der *Communitas*, in der sich die „Schwellenwesen" befinden, wirkt auf in der Struktur verweilende Mitglieder zunächst bedrohlich

(Turner 2000: 107). Um die soziale Ordnung keiner Gefahr auszusetzen, müssen die „Schwellenwesen" („Grenzgänger") den (rituell ältesten) Autoritätspersonen oder Lehrern gehorchen, und sie werden durch Verbote in ihrer Handlungsmacht eingeschränkt (ebd. 2000; 95–96; 107). Die Begegnung mit dem Migrationsraum, der „Anti-Struktur", wird auch in Tadschikistan mit drohendem „Scheitern" (Zühro) und „Verlust des Sohnes" (Roche 2010: 312) oder des Ehemannes in Verbindung gebracht und löst bei den zurückbleibenden Frauen und Müttern existenzielle Ängste aus (siehe S. 57–58). Die älteren Autoritätspersonen des familiären Netzwerks erfüllen eine Kontrollfunktion dahingehend, dass sie über die Rücksendungen aus der Migration wachen (Khusenova 2010) und ihre unerfahrenen Familienmitglieder in der Migration an die Einhaltung von Disziplin in Bezug auf Arbeit und Lohnverwendung erinnern (Aleks; Sitora). Obwohl Turner das Strukturschema der Riten von vorindustriellen Gesellschaften abgeleitet hat, verweist er darauf, dass „[...] die kollektiven Dimensionen – Communitas und Struktur – auf allen Stufen und Ebenen der Kultur und der Gesellschaft vorhanden sind" (Turner 2000: 111), was durch meine Studie bestätigt wird.

Riten haben „anti-strukturelle" Eigenschaften, da sie, wie Turner argumentiert, „[...] in Zeiten radikalen sozialen Wandels auftreten, wenn sich die Gesellschaft selbst von einem fixierten Zustand zu einem anderen zu bewegen scheint [...]" (2000: 130). Eine kurzzeitige Loslösung von der sozialen Ordnung ist daher wichtig für die Überprüfung der zentralen Werte und Axiome der Kultur (Turner 2000: 160). Das Erfahren der *Communitas* oder „Anti-Struktur" dient der Verinnerlichung und dem Fortbestehen der vorhandenen Sozialstruktur (ebd.: 126). Auch die tadschikische Gesellschaft ist geprägt von rasanten sozio-ökonomischen Veränderungen. Sowohl Modernisierung und Globalisierung wie auch Religiosität und Rückbesinnung auf „traditionelle Normen" wirken auf die Gesellschaft ein, was sich insbesondere an der Orientierungssuche und Verhaltensweise der Jugend in Tadschikistan ablesen lässt (Roche 2010).[42] Übertragen auf die tadschikische Arbeitsmigration kann die Konfrontation mit der russischen Alltagsrealität als temporäre Loslösung von der Sozialstruktur gesehen werden; die hieraus resultierende verstärkte Familienbezogenheit und die Bewusstwerdung der eigenen (tadschikischen) kulturellen Identität (Anvar; Manučehr) sind entscheidend für die „Rückkehr" in und Bestätigung der gegenwärtigen tadschikischen Sozialstruktur.

---

42 Anzumerken bleibt, dass hier primär junge Männer gemeint sind, da die Jugend für tadschikische junge Frauen völlig anders verläuft und ihnen in dieser Lebensphase ein viel geringerer Handlungsspielraum zur Verfügung steht (Roche 2010: 106).

Nach dem Schwellenzustand folgt die „Angliederung" oder Wiedereingliederung in die Struktur. Durch den vollzogenen Statusübergang befindet sich der Initiand in einem relativ stabilen Zustand. Er erringt im Rahmen der klar definierten Sozialstruktur bestimmte Rechte, hat aber auch Pflichten zu erfüllen (vgl. Turner 2000: 94–95). Von ihm wird erwartet, dass er sein Verhalten an „traditionellen Normen und ethischen Maßstäben ausrichtet" (ebd.: 95). Nach der erfolgreichen Migration wird von einem jungen tadschikischen Arbeitsmigranten verlangt, dass er die Pflichten erfüllt, die seine neue Position und damit sein Status in der Gesellschaft erfordern. Je nach Alter und Rangordnung verwaltet er die Ressourcen der Familie mit (David) und bezeugt seine Reifung, indem er für die Ausbildung der Geschwister aufkommt (Anvar). Ein großer Anteil der jungen Migranten finanziert die eigene Hochzeit oder die eines Bruders oder einer Schwester, wie beispielsweise Aligǒn und Manučehr.

Für weibliche tadschikische ArbeitsmigrantInnen ist die Situation vor der Migration eine ganz andere. Wenn sie im Alleingang nach Russland gehen, sind sie älter und zumeist nach gescheiterten Ehen (Rahmonova-Schwarz 2012: 134). Mit der Migration sichern sie ihr eigenes Überleben ab und unterstützen ihre Eltern im Heimatland wie z.B. Sitora in dieser Studie (ebd.: 152). Durch ihre Lebenssituation und durch den Alleingang nach Russland haben sie einen zwiespältigen Ruf in der tadschikischen Gesellschaft, der ihnen weiterhin anhaftet, auch wenn sie den anderen Familienmitgliedern Unterstützung erweisen (Sitora). Seit 2003 steigt die Anzahl der Arbeitsmigrantinnen stetig an (Khusenova 2010). Der größte Anteil der Arbeitsmigrantinnen stammt aus dem Pamir (Olimova und Kuddusov 2007: 28), was unter anderem mit der generell hohen Migrationsintensität in dieser Bergregion zusammenhängt (Hohmann 2010). Arbeitsmigrantinnen bleiben überwiegend länger in Russland als Männer, welche meist saisonal in Russland arbeiten. Sie investieren häufig auch in eigene Projekte wie z.B. einen Hausbau, um längerfristig nicht mehr in einem Abhängigkeitsverhältnis zur Familie zu stehen (Sitora; Khusenova 2010)

Dorsch ist in ihrem Aufsatz „Übergangsritus in Übersee..." eine Übertragung des Van Gennepschen Drei-Phasen-Modells auf Migrationsprozesse gelungen; sie verweist jedoch auf die Grenzen der Übertragbarkeit, die sich vornehmlich durch Van Genneps statische Vorstellung von Gesellschaft (2008: 228f.) ergeben. Van Gennep vergleicht die Gesellschaft mit einem Haus. Riten verhelfen zum Übertritt von einem Raum zum anderen, also von einer Lebensphase in eine weitere (1986: 34). Dass sich Gesellschaft ständig im Wandel befindet, kann bei dieser Vorstellung kaum berücksichtigt werden. Des Weiteren merkt Dorsch an, dass, auch wenn Turner im Gegensatz zu Van Gennep die Gesellschaft weitestgehend als einen Prozess versteht (Turner 2000: 193), die Drahtzieher der Initiation (in Dorschs Studie: die kommunistische Regierung) und ihr möglicher Wandel in beiden Konzepten unbeachtet bleibt (Dorsch 2008: 239–241).

In Anbetracht dieses Einwandes lohnt es sich, auch die tadschikische Regierung als möglichen „Drahtzieher" einer solchen Initiation in Betracht zu ziehen. Tatsache ist, dass die Regierung für die große Anzahl arbeitsloser junger Männer keine berufliche Perspektive geschaffen hat und ein Wiederaufflammen der Konflikte fürchtet – wir erinnern uns an den tadschikischen Bürgerkrieg –, wären alle jungen Arbeitsmigranten zurück im Lande. Die Regierung profitiert von den Rücküberweisungen der jungen Männer (32 % des BIP im Jahre 2010 nach World Bank 2011) und befürwortet Arbeitsmigration, und zwar eine temporäre und gezähmte Variante davon; dies wird der Bevölkerung auch durch Fernsehserien der staatlichen Fernsehkanäle vermittelt, in denen „tugendhafte" und „nicht tugendhafte" Arbeitsmigranten thematisiert werden.[43]

Als nützlich für die Analyse von Migrationsprozessen erklärt Dorsch (2008) Turners Beschreibung eines Zustandes der *Communitas*. Sie verweist auf die Gefahren des Verbleibens in der *Communitas* und der daraus folgenden Marginalisierung der Migranten durch eine gescheiterte Reintegration nach ihrer endgültigen Rückkehr ins Heimatland (Dorsch 2008: 240f.). Auf den tadschikischen Kontext übertragen bedeutet das das „Aussteigen" (Turner 2000: 111), was dem von Zühro genannten „Scheitern" des Arbeitsmigranten während eines Moskau-Aufenthaltes, also in der Schwellenphase, gleichkommt. Sie führt dafür die Geschichte ihres Schwagers Azim an, der in der Migration den Hang zum Alkohol entwickelt hatte, weshalb Präsente und Geldsendungen seinerseits ausblieben und er letztlich von seinem Schwiegervater zurück nach Tadschikistan geholt wurde. In der *Communitas* hängengeblieben ist in unseren Beispielen aber auch der obdachlose, biertrinkende Lehrer, den Šarif kurz nach seiner Ankunft in Moskau traf und durch dessen Migrationserfahrung er die Gefahren in der Migration erkannt hat. Šarif führt die traurige Lebensgeschichte des Lehrers an, um zu veranschaulichen, dass ein Verbleiben in der *Communitas* letztlich auch das „Scheitern" bedeuten kann, wovor er insbesondere die neu ankommenden Migranten in Moskau warnt.

In Turners Konzept sind es die strukturell inferioren Gruppen und Individuen – zu welchen er beispielsweise eroberte autochthone Gruppen, Unterdrückung

---

43 Welche Rolle die tadschikische Regierung im Gesamtkontext der Migration tatsächlich spielt, bedarf einer gründlichen Untersuchung; diese stand aber nicht im Fokus meiner Arbeit.

und Moral verkörpernde religiöse Gemeinschaften aus der Geschichte und Figuren aus der Literatur[44] zählt – durch welche eine normative und ideologische *Communitas* symbolisiert wird (Turner 2000: 130).[45] Dabei unterscheidet Turner drei verschiedene Formen der Communitas, von der nur die „spontane" oder „existenzielle" *Communitas*, die von ihrer Spontaneität und Einmaligkeit lebt (Turner 2000: 129), sich dialektisch zur Struktur verhält. Daraus schließt Turner, dass *Communitas* ein dauerhaftes soziales System werden kann, das selbst eine Struktur entwickelt (ebd.: 129). David, der seit fünfzehn Jahren, und mittlerweile als russischer Staatsbürger, in Moskau lebt, zeigt aber mit seiner Lebensgeschichte, wie das Verweilen in der *Communitas* oder „Aussteigen" nicht nur zur Marginalisierung führen, sondern auch zu einer Erfolgsgeschichte werden kann.

David hat mit dem Erlangen der russischen Staatsbürgerschaft in Moskau eine Kebab-Bude aufgemacht. Die Einnahmen haben ihm ermöglicht, sowohl die jüngeren, nachgekommenen Familienmitglieder mit Jobs zu versorgen als auch die in der Struktur verweilenden Familienmitglieder in Tadschikistan großzügig finanziell zu unterstützen, wodurch seine selbstgewählte „russische", nicht normengerechte Lebensweise als lediger Sohn, der seine Familie seit Jahren nicht besucht hat, nicht als „Scheitern" aufgefasst wird. Durch seine Handlungsweise wird erkennbar, wie ein Leben in zwei „Modalitäten" – also in der „Anti-Struktur" und in der Struktur – möglich wird. Für Turner, der Gesellschaft als einen dialektischen Prozess mit aufeinanderfolgenden Struktur- und *Communitas*-Phasen versteht, erscheint „die Teilnahme an beiden Modalitäten (...) ein menschliches ‚Bedürfnis' zu sein" (Turner 2000: 193). Anhand von Davids Erfolgsgeschichte zeigt sich aber auch, dass unter bestimmten sozio-ökonomischen Umständen gesellschaftliche Normen dehnbar bzw. aushandelbar sind. Eine strikte Trennung zwischen den beiden Modalitäten scheint sich aufgelöst zu haben. Davids „anti-strukturelle" Lebensweise wird durch seine beständige Fürsorge für die Familie aufgewertet und legitimiert, da in Zeiten von Arbeitslosigkeit, niedrigen Renten und insgesamt des Fehlens eines staatlichen Wohlfahrtssystems die zurückbleibenden Familienmitglieder auf die Gelder aus der Migration angewiesen sind.

---

44 Ein solches Szenario wird in Turners Werk am Beispiel der Verhaltensweise und der gesellschaftlichen Rolle eines „Hofnarren" und anderen in der Volksliteratur bekannten „marginalen Typen" veranschaulicht (Turner 2000: 108–109).
45 Die normative Communitas, die Ressourcen mobilisiert, gehört ebenso wie die ideologische Communitas, womit er eine Vielzahl utopischer Communities bezeichnet, bereits dem Bereich der Struktur an (Turner 2000: 129).

Monsutti erkennt in seiner Forschung zu Hazara-Migranten aus Zentral-Afghanistan, die den Migrationsweg in die Städte Irans einschlagen, dass insbesondere die erste „gefährliche" Migrationsreise aufgrund fehlender Migrationserfahrung und hoher Ansprüche von Seiten der zurückbleibenden Familienmitglieder eine besondere Herausforderung darstellt (2007: 181). Die Migration nach Iran (liminale Phase) könnte aufgrund der Schwierigkeiten als „Schule der Arbeitsmigration" (ebd.: 181–182) gesehen werden, da mit dem Migrationsaufenthalt die Reife des jungen Mannes auf die Probe gestellt wird. Wenn die jungen Hazara anhand der Rücküberweisungen ihre Eignung zum Familienoberhaupt belegen können, dann bringt die glückliche Rückkehr nämlich eine Veränderung des sozialen Status mit sich (Monsutti 2007: 184). Monsutti argumentiert auf Grundlage seiner empirischen Untersuchung: „[Migration] may even be conceived as a necessary stage in their existence, a rite of passage to adulthood and then a step toward manhood" (ebd.: 169).

Auch Reeves (2010) erkennt bei den Migranten aus dem usbekischen Ferghana-Tal im postsowjetischen Zentralasien, dass der Gang nach Russland einen Identitäts- und Statuswandel bewirken kann. Mit einer erfolgreichen ersten Arbeitsmigration demonstriert ein junger tadschikischer Arbeitsmigrant, genau wie die jungen Männer aus dem Ferghana-Tal, Selbstbewusstsein, neue physische Fähigkeiten, Durchhaltevermögen und das wichtigste: einen vernünftigen Umgang mit dem Lohn (Anvar). Es bedeutet, dass der junge Mann nicht nur fähig ist, in der „Anti-Struktur" Geld zu verdienen, sondern dass er dieses auch mit seinen Familienmitgliedern teilen kann. Da der „Initiand" aus der anti-strukturellen Erfahrung zurückgefunden hat und damit die Verinnerlichung der gegenwärtigen Struktur demonstriert, wird er seinem neuen Status gemäß eingegliedert. Die Reifeprüfung, die ihn beispielsweise für eine Heirat und die Übernahme der Verantwortung für das Familienbudget qualifiziert, ist bestanden. Sein gewonnener Status ist aber nur temporär; um ihn nachhaltig behaupten zu können, muss er die Rolle des Versorgers der Familie auch weiterhin erfüllen (Roche 2010: 316).

Durch den angehobenen Lebensstandard, den die Familienmitglieder den Rücküberweisungen des Arbeitsmigranten zu verdanken haben, steigen auch die Bedürfnisse (Nekrūz; Zūhro). Da die meisten Rückkehrer keine alternative Verdienstmöglichkeit in Tadschikistan finden, um ihren Status und den Standard der Familie aufrechterhalten zu können, treten sie erneut die Migration an; eine Dauerschleife der Arbeitsmigration beginnt. Die Gefahren in Russland, mit denen der Migrant konfrontiert ist, bleiben bestehen, jedoch hat der nunmehr „Eingeweihte" durch seine erfolgreiche erste Migrationsreise das Vertrauen seiner Gemeinschaft und ein Mitentscheidungsrecht in Sachen Migrationsleben erlangt, sodass er temporär oder auch dauerhaft im Migrationsraum leben bleiben kann, solange er die in der Struktur verweilenden Familienmitglieder unterstützt und die strukturbestätigenden Riten finanziert, wie man an Davids und Aliğons Fall erkennen kann (Finanzierung von Hochzeit bzw. Studium der Geschwister, *haǧǧ* usw.). Das Geldverdienen (*pul kor kardan*) und die Rücküberweisungen ersetzen gewissermaßen die physische Präsenz des Migranten im Heimatort; sie bezeugen die ständige Bindung an die Familie, die Übernahme von Verantwortung gemäß der neuen Position und sichern damit den Männlichkeitsstatus.

Mit einem erneuten Migrationsaufenthalt tritt der junge Mann eine gesellschaftlich akzeptierte männliche Lebensweise an, in der die Arbeitsmigration nach Russland etabliert ist (Olimova 2007: 5). So sind Arbeitsmigranten als potenzielle Kandidaten auf dem Heiratsmarkt aufgrund der Kostenübernahme für die Heirat und eines steigenden und stabileren Gehalts in Russland seit Mitte der 2000er in Tadschikistan beliebter geworden (Rahmonova-Schwarz 2012: 115–116).[46] Auch wenn Russland seinen „anti-strukturellen" Charakter nicht verliert, haben die ‚reifenden' oder erprobten jungen Arbeitsmigranten eine migrantische männliche Lebensweise entwickelt, bei der bestimmte Elemente der Anti-Struktur in die Struktur eingebunden sind, sodass sowohl die Migranten als auch die Zurückbleibenden die „anti-strukturellen" Erfahrungen verdauen können. Es ist demnach zur Normalität geworden, dass Geldverdienen mit räumlicher Trennung einhergeht, dass junge Männer Riten des Lebenszyklus (wie Hochzeiten) selbst finanzieren und dass reguläre Remittances die physische Präsenz ersetzen (Rahmonova-Schwarz 2012: 122). Diese männliche Lebensweise wird gewissermaßen zu einer Strukturerweiterung, die nicht nur eine Plattform für das Ausleben von alternativen Formen von Männlichkeit schafft, sondern durch die zugleich auch die „traditionelle" Vorstellung von Männlichkeit bedient wird, wodurch letztlich die gegenwärtige Struktur in Tadschikistan reproduziert werden kann.

---

46 Noch Ende der 1990er Jahre, als die erste Welle der Arbeitsmigranten startete, wurden Arbeitsmigranten negativ mit geringen Einnahmen, durchweg illegaler Arbeit und dauerhafter Abwesenheit assoziiert (Rahmonova-Schwarz 2012: 115).

5 Kennzeichen eines erfolgreichen Übergangs

Anhand des in Russland erwirtschafteten Kapitals des Migranten können Familie und Gemeinschaft erkennen, ob der junge Mann Verantwortung für sich und die Familie übernehmen kann und ein Solidaritätsgefühl für seine Gemeinschaft entwickelt hat. Die Existenz einer festen Beziehung zwischen dem jungen Mann und seinen Familienangehörigen ist durch Rücküberweisungen bestätigt worden. Remittances sind Träger dieser Information, wobei nicht nur bares Geld und Geschenke, sondern auch alles weitere Transferierte – Ideen, Wissen, Güter – bedeutende Rücküberweisungen darstellen (vgl. Cohen und Sirkeci 2011: 98f.).[47]

Die Remittances begründen, welches Maß an Tugendhaftigkeit dem Migranten zugeschrieben werden kann (Osella und Osella 2000: 120–122). Die Art der Geschenke und die Summe des Geldes sind Indikatoren dafür, welche mit Männlichkeit verbundenen Fähigkeiten der junge Migrant besitzt: Er kann hart arbeiten, ist widerstandsfähig und erliegt nicht den Reizen der Großstadt, was er der Familie mit seinem gesparten und übergebenen Kapital demonstriert. Wissend um das Ansehen, das junge Männer durch gute Ersparnisse im Migrantenkreis und in ihrer Heimat-Community genießen, berichteten mir Migranten mit Stolz von Hochzeiten, Autos, Studium von Geschwistern, Hausbau und vielem Anderen, das sie selbstständig finanzieren konnten.

Aufopferung für die Familie

Die drei Cousins Aligon, Parviz und David unterstreichen in den Interviews, dass durch ihre harte Arbeit in Moskau sie selbst und die Angehörigen im Heimatland einen gehobenen Lebensstandard genießen können:

> David: Ich habe in den letzten Jahren mit meiner Arbeit hier viel erreicht. Jemand muss sich ja aufopfern (*požertvovat'*), damit die Anderen ein glückliches Leben leben.
> W: Das heißt, eure Verwandten [in Tadschikistan] haben ein gutes Leben?
> David: Natürlich, die leben dort sehr gut, sie leben dort wie Moskauer (*moskviči*), ja, so kann man es sagen.

Mit dieser Aussage verdeutlicht David, dass er mit seinem Arbeitseinsatz seiner Familie nachgerade einen „Moskauer" Lebensstandard geschaffen hat. (In ver-

---

47 Nach Umarov (2010: 18) gelangt Geld über diverse Kanäle nach Tadschikistan; die Angaben der Weltbank sind demnach unvollständig, da sie sich lediglich auf den Banktransfer beziehen.

https://doi.org/10.1515/9783110668933-005

schiedenen Kontexten erscheint die Stadt Moskau als Symbol für einen bestimmten Reichtum und Lebenskomfort, den meine Interviewpartner selbst aufgrund ihrer Lebensumstände in der Migration allerdings nur indirekt erleben.) Dazu musste David sich „aufopfern" und nach Moskau gehen. Die Bereitschaft dazu begründet er mit seiner Rolle innerhalb der Familie, die seinen Einsatz als eine Selbstverständlichkeit vorsieht. In Davids Aussage wird Selbstlosigkeit und starke Familiensolidarität repräsentiert; zugleich wird mit seiner Argumentation der Migration eine grundsätzliche Notwendigkeit zugeschrieben, womit ihre Legitimität bestätigt wird.

Davids Aussage hat Pendants in Tadschikistan. Auch in vielen Gesprächen dort wurden mir durch Eltern und manche Ehefrauen ihre in Moskau arbeitenden Angehörigen als Helden präsentiert, die mit ihrer Migration ein Opfer für das Wohl der Familie bringen. Andere junge Ehefrauen und die Mehrheit meiner InterviewpartnerInnen sehen allerdings die persönlichen, materiellen Wünsche der Arbeitsmigranten über die repräsentierten Migrationsabsichten dominieren. Insbesondere die jungen Ehefrauen sind daher häufig gegen die Arbeitsmigration ihrer Ehemänner, da nicht ihnen, sondern den Eltern des Migranten das Geld zugeschickt wird, während sie über Monate oder Jahre ohne ihre Ehemänner allein mit der Familie des Migranten zurückbleiben und daher gar nicht oder nur geringfügig von den materiellen Errungenschaften ihrer Männer profitieren (Sitora; Ferūza; Zmiejewski 2009; Glenn 2009: 18–19).

Für einen Heldenstatus muss über das Vorgeben von Ambitionen hinaus ein greifbarer Erfolg der Migration in Form von Rücküberweisungen und Geschenken sichtbar gemacht werden (vgl. Osella and Osella 2000: 127). Viele junge Männer und einige Ehefrauen von Arbeitsmigranten räumten ein, dass jedes Familienmitglied sich vom Migranten ein Präsent in Form eines Gegenstandes oder einer Geldsumme erhofft. Auf dem Luftweg von Tadschikistan nach Moskau erzählte mir Nekrūz über die Forderungen seiner Familie, die in Bezug auf Rücküberweisungen an ihn gestellt würden. Sobald er in seinem Heimatdorf ankomme, bekäme er von allen Seiten von Problemen und Notfällen im Verwandtenkreis zu hören und sei gezwungen, finanziell zu helfen. Daraus ergäbe sich eine bedrückende Atmosphäre, so dass er es nicht mehr lange in seinem Dorf in Tadschikistan aushalte (Nekrūz). Zūhro, die sowohl die empfangende Seite als auch in Moskau die versendende Seite miterlebt hat, berichtet, welche schlechten Lebensbedingungen männliche Migranten in Kauf nehmen, um große Mengen an Remittances überweisen zu können (Zūhro). Sie beschreibt hierbei die Frauen – die in Migrationsberichten oftmals als lediglich passive Teilnehmerinnen an tadschikischen Migrationsprozessen dargestellt werden, so z.B. bei Glenn (2009) – als treibende Kraft.

Diese Ehefrauen oder Mütter, die wissen ja gar nicht, wie schwierig es dort [in Moskau] ist. Ich war ja dort, ich weiß, wie schwierig es ist, dort Geld zu verdienen. Sie denken einfach, die Männer fahren dort kurz hin, werden schnell Geld verdienen und dann werden sie Geld schicken, und das war's. Die sind dort doch ganz arme Schlucker (*bednjažki*). Einige wohnen in Waggons, sie mieten noch nicht mal eine Wohnung, sie ernähren sich nicht gut, sie verdienen schnell und schicken dann alles nach Hause. Und die Frauen kaufen sich dann irgendwelche Ringe. Für Unsinn geben sie das Geld aus. Sie bedenken nicht, dass der Sohn da vielleicht hungert. Wenn sie das einmal mit eigenen Augen gesehen hätten, dann würden sie die Kostbarkeit einer jeden verdienten Kopeke verstehen. Wenn dir dein Bruder einfach Geld gibt, und du hast das Geld nicht selbst verdient, dann wirst du es anders ausgeben, weil dir das Geld ohne Mühen in die Hände gefallen ist. Weil sie es dir einfach überwiesen haben. Die Frauen arbeiten doch selbst nicht, und deshalb verstehen sie das nicht (Zūhro).

Durch ihre kurzzeitige Migration nach Russland hat Zūhro die Lebensweise der tadschikischen ArbeitsmigrantInnen in Moskau miterlebt. In mehreren Interviewabschnitten betont sie, welche Risiken und Gefahren die Migranten – wie auch sie selbst – tagtäglich auf sich nehmen, um möglichst viel Geld zu akkumulieren: Die Männer „hungern", „setzen ihre Gesundheit aufs Spiel", „verzichten auf Freizeit" (Zūhro). Weil die Frauen und Mütter das Leben in der Migration „nicht mit eigenen Augen" gesehen und die Erfahrung des Geldverdienens nicht selbst gemacht hätten, würden sie unvernünftig und kurzsichtig mit dem Geld umgehen. Unwissenheit bezüglich der Alltagsrealität in der Migration ist eine Ursache für die hohe Erwartungshaltung an die Arbeitsmigranten: Ältere ehemalige Arbeitsmigranten des Heimatdorfes hätten nach Thorsens Beobachtung viel geringere Erwartungen an die jungen Migranten als diejenigen, die selbst nie migriert sind (Thorsen 2007: 196). Nach Zūhros Auffassung sind es die zurückbleibenden Ehefrauen und Mütter in Tadschikistan, die die hohen Ansprüche an die Arbeitsmigranten stellen. Interessant an Zūhros Schilderung ist, dass sie sich lediglich auf die männlichen Arbeitsmigranten bezieht. Für die weiblichen MigrantInnen scheint eine andere Realität zu existieren. Zūhro beispielsweise, die selbst in Moskau Arbeitsmigrantin war, gab nur einen geringen Anteil ihres Verdienstes an die Familie ab. Sie durfte das Geld für ihr Studium ansparen, während ihr Bruder, der ebenfalls in Moskau lebte, sein Geld nach Hause überwies. Wie bereits erwähnt, sind viele weibliche ArbeitsmigrantInnen (wenn auch nicht Zūhro) geschieden oder verwitwet und daher in erster Linie für die Lebensabsicherung ihrer selbst und ihrer Kinder zuständig.

Strategien der Positivrepräsentation der Migration

Maorifat und die meisten meiner Interviewpartner gehören nicht zu den Ersten ihrer Familie, die den Weg nach Moskau beschritten haben. Jeder Informant hatte ein oder mehrere Familienmitglieder, die schon vor ihm in Russland gearbeitet hatten. Thorsen beschreibt, wie sich im westafrikanischen Burkina Faso im Dorf Zeka durch die indirekte Erfahrung der Migration – das Weggehen und Zurückkommen der Väter und Onkel – bei den Jugendlichen und den zurückbleibenden Frauen eine Vorstellung über das Migrationsland und über Migration im Allgemeinen herausbildet. Die positive Vorstellung entsteht durch die zumeist sehr glücklichen Momente des Zurückkommens der Familienmitglieder aus der Migration, die zugleich eine Änderung der Position des jungen Mannes bedeuten. Mit der Erinnerung an das Zurückkommen ist neben der Wiedervereinigung aller Familienmitglieder auch die Zeremonie des Beschenkens verbunden (Thorsen 2007: 180; 189). Präsente verkörpern auch im mittelasiatischen Kontext Prestige und lösen Imaginationen über den Migrationsaufenthalt aus. Die Schenkung kann als Teil eines Rückkehrrituals interpretiert werden, das die glückliche Heimkehr und insgesamt eine erfolgreiche Migration symbolisiert. Der von Thorsen beschriebene glückliche Moment der Rückkehr der Migranten und die Tragweite dieses Erlebnisses für die noch vor der Migration stehenden Heranwachsenden trifft auf die Fallbeispiele in Tadschikistan ebenfalls zu: Die Jugendlichen erleben nicht nur den Statusübergang des zurückgekehrten Migranten, sondern bewundern auch noch die mitgebrachten Güter und Präsente. Mit dem Verteilen von kostbaren Präsenten beginnt der junge Mann, seinen Statusübergang zu demonstrieren und, wie David es formuliert, die „Schulden" bei seinen Eltern abzuzahlen.

Die Heranwachsenden in Tadschikistan erfahren meist nur die positive Seite der Arbeitsmigration ihrer Familienmitglieder (Anvar). Sie beobachten den Statusübergang des Zurückgekehrten, dem Respekt und Wertschätzung entgegengebracht werden, und sehen, dass ihm während der Wiedereingliederung seine Wünsche durch die Angehörigen erfüllt werden. Die Migrationsgeschichten und die Beschreibungen von Moskau mit allem, was sich stark vom Heimatland unterscheidet, wecken Neugierde bei den Heranwachsenden. Meine jungen Gesprächspartner in Tadschikistan, die noch nicht in Moskau gewesen waren, hatten schon eine bestimmte Vorstellung von Moskau. Sie wussten allerdings wenig vom „realen Leben" als Migrant. Das zeigt sich auch darin, dass alle Rückkehrer und die aktuell noch in Moskau arbeitenden unter meinen Informanten bestätigten, dass sie sich das Leben in der Migration leichter vorgestellt hatten (Anvar; Šarif; Rustam). Erst als Anvar den Migrationsweg bereits eingeschlagen hatte und in Moskau angekommen war, wurde von dem Leid in der Migration gesprochen:

> Alle haben mir gesagt, das Leben ist schwer hier und die Arbeit ist eine Plage (*azob ast*). Ich habe ihnen nicht geglaubt, ich habe die schwere Arbeit einfach trotzdem auf mich genommen und dann gelitten (Anvar).

Ich sprach zwei Jahre nach Anvars Rückkehr mit ihm, und mittlerweile sah er die Dinge ähnlich wie diejenigen, die ihn vorher gewarnt hatten. Auch Manučehr hatte eine positive Vorstellung von Moskau gehabt, die sein Interesse für die Migration weckte:

> Ich hatte schon gehört, dass es dort schön ist, und ich war einfach neugierig (Manučehr).

Thorsen beschreibt es als ein typisches Verhalten, dass dem Familienkreis Informationen über psychische Belastungen und finanzielle Probleme aus der Zeit der Migration vorenthalten werden (2007: 188). Meine InformantInnen in Tadschikistan und in Russland bestätigten alle, dass sie vermeiden würden, ihren Eltern und Familienmitgliedern in Tadschikistan über Krankheiten und andere Probleme zu berichten. Anvar hatte beispielsweise eine schwere Lungenentzündung und musste deswegen seinen Arbeitsplatz verlassen. Während der kalten Wintermonate lag er in einem kleinen Waggon und kämpfte um seine Genesung. Da er seinen Eltern keine Sorgen machen wollte, haben er diese weder von seinem schlechten gesundheitlichen Zustand noch von seiner daraus resultierenden zeitweiligen Arbeitslosigkeit informiert:

> Ich habe ihnen nicht gesagt, dass ich krank bin. Ich wollte, dass sie nicht bekümmert sind (*ziq našudan*) (Anvar).

Die Interviews mit den ArbeitsmigrantInnen bestätigen, dass Informationen über das Alltagsleben in Russland nur selektiv an die Familienmitglieder in Tadschikistan weitergegeben werden. Auch Zūhro erinnert sich an Vorfälle, die sich mit ihrem Schwager Azim, dem Armen (*bečora*) und Gescheiterten *(bebacht)*, ereigneten und die man vor der Familie zu verbergen versuchte:

> Die haben ihm dort [in Moskau] das Telefon abgenommen. Danach hat meine Schwester angerufen: ‚Wo ist er?‘ Und es ist schon Nacht und ich sitze da und kann meiner Schwester nichts sagen. Ich sagte ihr: ‚Er ist gerade rausgegangen, er kommt gleich.‘ Nataša, unsere russische Nachbarin, ist zu jeder Polizeistation gegangen und hat ihn nirgends gefunden. Drei Tage haben wir auf ihn gewartet. Und danach, als er kam, war er blutverschmiert. Ihn hatten die Milizionäre mitgenommen, obwohl er alle Papiere hatte. Sie haben ihm gesagt, ‚Gib uns Geld, 1000 Rubel‘, und er sagte ‚nein‘. Dann haben sie ihn mitgenommen und ihm befohlen zu putzen: ‚Geh putzen, wisch den Boden!‘ haben sie gesagt. Sie haben ihn drei Tage wie einen Affen gehalten. Der Arme (*bečora*). Wir haben sogar alle Krankenhäuser abgeklappert. Sein Telefon war aus, wir wussten nichts, und wen sollten wir denn anrufen?! Wem hätte ich denn sagen sollen ‚Sucht ihn?‘ An wen hätte ich mich denn wenden sollen?

Ich hatte so Angst. Falls ihm etwas passiert, was sollte ich der Familie dann sagen? Davor hatte ich so Angst' (Zühro).

Zühro erklärt ihre Gelähmtheit mit Angst und Unsicherheit, die sie aufgrund der ungeklärten Abwesenheit ihres Schwagers Azim verspürt hatte. Obwohl sie legal in Moskau arbeitete, hatte sie ihre russische Nachbarin nach ihm suchen lassen. Ihre größte Sorge bestand darin, vor den eigenen Familienmitgliedern Rechenschaft für Azims Verschwinden ablegen zu müssen. Auch wenn sie nur wenig Kontakt zu ihm hatte (obwohl sie zusammen wohnten), war sie aufgrund der Familiensolidarität verpflichtet, ihm zu helfen (Zühro). Als Begründung für ihr Schweigen führt sie – wie auch Anvar – an, dass Azim vom Vater zurück nach Tadschikistan geholt worden wäre, hätte dieser von den Schwierigkeiten und Krankheiten während der Migration erfahren (Zühro; Anvar).

Das Aufrechterhalten des positiven Bildes von der Migration funktionierte in Azims Fall nur einige Monate lang: „Er hat in Russland kein Glück gehabt (*bebacht bud*)" (Zühro). Fast ein ganzes Jahr hatte er auf verschiedenen Baustellen gearbeitet, aber sein Lohn wurde nicht ausbezahlt. So konnte er seiner in Tadschikistan wartenden Frau auch kein Geld überweisen. Zühro erklärt, dass Azim Angst hatte, sein Scheitern vor den Schwiegereltern und seiner Frau, also Zühros Schwester, einzugestehen. Monatelang wagte er nicht, den Heimweg einzuschlagen. Er blieb in Moskau, fing mit Trinken an und geriet in seinem „Unglück" ständig an die Miliz. Letztendlich war es Zühros Vater, der nach einem Jahr zusätzlicher Finanzierung seiner verheirateten Tochter die Rückkehr des Schwiegersohnes veranlasste. Zühro erinnert sich, wie „zerstört" Azim zurück nach Tadschikistan ging (Zühro). Obwohl ihm der Schwiegervater nach seiner Rückkehr eine Arbeit in seinem Laden verschaffte, wird er in der Familie als ein „Glückloser" (*odami bebacht*) bzw. „Gescheiterter" (*odami nokom*) angesehen, da er es nicht geschafft hatte, seine Familie selbstständig mit der Migration zu finanzieren.

Wiedereingliederungsritual

Die InformantInnen bestätigten, dass eine steigende Anzahl finanzieller Rücküberweisungen die Notwendigkeit des Beschenkens nicht mindere. Gegenstand und Wert der Präsente variieren stark und hängen von den Ersparnissen des Migranten ab. Häufig beeinflussen auch die Wünsche oder Aufträge der Nichtmigrierenden die Art des Präsents. Alle MigrantInnen sind sich einig, dass den engsten Verwandten und vor allem den Eltern (besonders der Mutter) bei jeder Rückkehr nach Tadschikistan besonders wertvolle Präsente überbracht werden müssen:

> Viel Schmuck bringe ich mit. Das ist der Wunsch meiner Mutter. Es gibt eigentlich alles in Tadschikistan, aber ich bringe es von hier [aus Moskau] mit. Für meinen Vater schöne Schuhe, Rasiergeräte oder Parfüm. Für die Mutter Ohrringe, natürlich Goldschmuck (*dast-monai tilloï*). Alles aus Gold bringe ich mit (Parviz).

Die Aussage verdeutlicht, dass es auf den Akt des Schenkens von spezifischen, mit Russland assoziierten Dingen ankommt. Werbner analysiert den Geschenk-austausch zwischen pakistanischen MigrantInnen in Großbritannien und ihren Familienmitgliedern in Pakistan seit den 1970er Jahren. Sie kommt zu dem Ergebnis, dass auch in modernen Gesellschaften ein „system of exchange" existiert (Werbner 1990: 205). Die Art der Präsente, die Menschen einander machen, ist historisch und, wie auch die Aussage von Parviz verdeutlicht, kulturell determiniert. Cohen und Sirkeci verweisen darauf, dass die Präsente (gifts) von Migranten neben ihrem Sachwert eine weitreichendere symbolische Bedeutung haben. Sie dienen dazu, die Verbindungen zu den Familienmitgliedern zu stärken (2011: 101).

In verschiedenen Aussagen kommt auch bei den tadschikischen Arbeitsmigranten dieses Motiv zum Ausdruck. In einem Dorf in der Nähe von Schahrinav wies mich eine junge Informantin an, auf die älteren Frauen zu achten, die gemeinsam an einem gedeckten Tisch (*dastarchon*) saßen. Sie erklärte mir, dass an der Menge und Art des Goldschmucks, den diese Frauen trugen, die Anzahl der in Russland arbeitenden Söhne abgelesen werden könne. Mit der Zurschaustellung des Goldschmucks impliziert die Frau, dass sie ihrer Rolle als Mutter mehr als gerecht geworden ist, denn durch das Schenken von Gold bezeugen die Söhne ihre anhaltende Verbundenheit und Ehrerbietung gegenüber der Mutter. Sie erweisen *hurmat* (Achtung, Respekt, vgl. Stephan 2010: 182ff.). Aus diesem Grund kaufte auch Parviz von seinen ersten Ersparnissen aus der Migration Goldpräsente für seine Mutter (Parviz). Durch die Schenkung drücken die Söhne der Mutter vor der Gemeinschaft Dankbarkeit für ihre Fürsorge aus und beweisen Achtung vor dem Senioritätsprinzip. Durch die Zurschaustellung der Goldpräsente demonstriert man des Weiteren, dass die jungen Männer fähig sind, Erfolg in der Migration zu erzielen, also fleißig arbeiten können und einen Lohn erhalten, der die großzügige Schenkung erlaubt (Sitora).

Neben Goldschmuck zeigen auch andere Standardpräsente – moderne technische Geräte, Satellitenschüsseln, Mobiltelefone, Küchengeräte, Kleider –, dass in einer Familie Arbeitsmigranten in Russland sind (Maorifat). De Cordier beschreibt, wie sich in Tadschikistan Stadtbilder durch Satellitenschüsseln und andere Errungenschaften aus Russland verändern; Geschenke repräsentieren das „moderne" Leben, von dessen Vorzügen der Migrant Zeuge geworden ist (2011).

Die „erfolgreichen" unter den Informanten konnten sich durch den Russlandaufenthalt letztlich auch ihre unterschiedlichen persönlichen Wünsche erfüllen. Anvar schaffte es, sein Studium zu finanzieren, und Dilšod brachte bei seiner letzten Rückkehr nach Tadschikistan einen Computer mit, obwohl er den Autokauf für den Vater als zentrales Motiv für die Migration präsentierte und ein solcher bis dahin nicht erfolgt war. Dilšod begründete den Computerkauf mit dem Argument, dass auf diesem Weg seine Brüder Bilder von ihm erhalten könnten und die Kommunikation mittels Skype erleichtert werden würde. Der Wunsch der Heranwachsenden nach Eigentum wird auch in Thorsens Analyse (2007) thematisiert: Sie erklärt, dass junge Männer, die in der Jugend materielle Armut erfahren haben, die Migrationsmöglichkeit nutzen, um neben der Versorgung bzw. Beschenkung der Familienmitglieder auch ihr Bedürfnis nach eigenem Geld und Eigentum zu stillen (ebd. 89–90); dieses Motiv sei ein wesentlicher Grund für die Migration (ebd. 185). Auch Sophie Massot (2010), die den Migrationsweg usbekischer MigrantInnen in Moskau, Seoul und New York untersucht hat, erkennt, dass diese sich durch ihre Migration die Hoffnung auf Statuserhöhung erfüllen, aber auch die Hoffnung auf materielle Güter, die ihnen ihre Eltern früher nicht bieten konnten.

Die jüngeren Geschwister und die jungen Ehefrauen der Arbeitsmigranten profitieren häufig einzig durch die Präsente von der Migration ihres Angehörigen, denn die Geldüberweisungen gehen an die Eltern bzw. Schwiegereltern, so dass die jungen Familienmitglieder höchstens indirekt teilhaben können (Sitora; Tachmina; Nafisa). Anders als bei den Präsenten haben die Arbeitsmigranten bei der Verteilung ihres hart erarbeiteten Lohns häufig wenig Handlungsspielraum. Sie unterliegen einer familiären Verpflichtung zur materiellen Unterstützung ihres gesamten Verwandtenkreises:

> Ob sie wollen oder nicht, sie müssen ihre Frauen plus ihre Kinder, plus Mütter, plus noch weitere Brüder und alle diejenigen, bei denen es nicht gut läuft, finanziell absichern (Tachmina).

Zumeist werden die Rücküberweisungen an den Hausherrn oder die Hausherrin adressiert und unterliegen demnach seiner bzw. ihrer Entscheidungsgewalt (Glenn 2009: 18). Diese rituelle Handlung ist bedingt durch die patrilineare Wohnsitzregelung. Für viele junge Ehefrauen (*kelin*), die dadurch keine von den Schwiegereltern unabhängige Einnahmequelle haben, stellt dies eine schmerzhafte Erfahrung dar:

> Ja und ich bin zwei Jahre hier [bei der Familie des Ehemannes], er gibt mir kein Geld, nicht einen Groschen, ich darf nicht arbeiten, aber er gibt mir überhaupt kein Geld, noch nie hat er mir Geld gegeben, und nichts hat er mir gekauft (Nafisa).

Erst wenn die Ehefrauen einen höheren Status erreichen und selbst zu Hausherrinnen avancieren, ändert sich die Situation. Bis dahin ist es häufig ein stilles Aushalten, denn die Schwiegertöchter wissen um die unumstößliche hierarchische Familienordnung, die durch die Adressierung der Rücküberweisungen bestätigt wird:

> Manche Männer denken, wenn die Ehefrau zu Hause sitzt, dann muss man trotzdem das Geld den Ältesten, der eigenen Mutter natürlich, schicken. Wenn diese erfährt, dass der Sohn das Geld der Ehefrau geschickt hat, dann droht dem Sohn das Ende. Wie kann er denn das Geld den Jüngeren anstatt den Älteren überweisen?! Es ist einfach so eine Tradition. Das Geld muss einfach beim Hausherrn oder der Hausherrin (*chozjain; chozjajka*) sein (Zühro).

Aus Zühros Worten geht hervor, dass bei der Verteilung der Rücküberweisungen eine streng hierarchische Ordnung befolgt werden muss. Diese resultiert aus einer empfundenen „Tradition", an der auch die jungen Arbeitsmigranten nicht rütteln dürfen, sonst würden sie einen folgenschweren Konflikt – auch in der Großfamilie (*avlod*) – auslösen, (Rustam; dazu auch De Cordier 2011), der ihre Statuserhöhung in Frage stellen könnte. Die Einhaltung dieser „Tradition" ist nämlich entscheidend für die Demonstration eines Grades der Reife und der Wiedereingliederung in die Gemeinschaft.

Circa 50 bis 60 Prozent des in Russland verdienten Lohnes wird von den meisten tadschikischen MigrantInnen ins Heimatland verschickt (ILOa 2010: 40.[48] Im Lauf der letzten Jahre wurde in verschiedenen Berichten eine deutliche Zunahme an monetären Rücküberweisungen (mittlerweile sind es 90 %) vermerkt, die über den regulären Banktransfer nach Tadschikistan abgewickelt werden (ILOa 2010: 3), also nicht mehr als Bargeld zu den Familien gelangen.

In den verschiedenen Studien herrscht Konsens darüber, dass die Rücküberweisungen Teil einer übergreifenden „coping-strategy" (Clément 2011: 58) der Hausgemeinschaften sind und demnach als Strategie der Armutsreduzierung angesehen werden können (Olimova 2009: 362; Jones u.a. 2007). Alle ArbeitsmigrantInnen, die in dieser Studie zu Wort kommen, gingen im Gespräch auf die Armut in Tadschikistan ein, niemand jedoch bezeichnete explizit die eigene Familie als arm. Dennoch kann man den Autokauf (Dilšod; Maorifat) oder das Investieren in Bildung (Anvar) als eine Maßnahme zur Verbesserung der Lebensumstände und damit der „Armutsreduzierung" ansehen.

---

48 Im Vergleich zu anderen postsowjetischen ArbeitsmigrantInnen überweisen TadschikInnen die größte Menge ihres verdienten Geldes nach Tadschikistan (Umarov 2010: 23).

Untersuchungen dazu, wie die Rücküberweisungen investiert werden, haben belegt, dass zwischen 80 und 90 Prozent des überwiesenen Geldes für grundlegende Bedürfnisse des Haushalts verwendet werden (Olimova und Kuddusov 2007: 57–58; Mughal 2007: 79); dazu gehören vor allem Nahrungsmittel, Kleider und Haushaltsgegenstände. In den zurückbleibenden Familien der meisten von meinen Interviewpartnern gab es auch eine von der Migration unabhängige Einnahmequelle – sei es ein Gemüse- oder Brotstand auf dem Basar (Dilšod; Tachmina), ein kleiner Laden (Manučehr) oder eine Saftfabrik (Ali͡gon) –, mit deren Hilfe die Familien ihre grundlegenden Bedürfnisse stillten.

Zwischen 10 und 20 Prozent der Rücküberweisungen werden für Investitionen genutzt (hier variieren die Daten stark). Zu den häufigsten Investitionsbereichen zählen Hausbau bzw. Renovierung, Schuldentilgung, Bildung, medizinische Versorgung und spezielle Feierlichkeiten wie Hochzeiten und Beerdigungen (Mughal 2007: 79; ILOa 2010: 58). Die eigenen Ansparungen können zur Beschaffung von Dokumenten für eine russische Staatsbürgerschaft, für den Kauf eines Autos, mit dem man als Taxifahrer arbeiten kann, oder für die eigene Hochzeitsfeier (oder die eines Verwandten) aufgewendet werden (Ali͡gon). Ähnlich wie Osella und Osella (2000: 122) es für die Golfmigranten aus Kerala und Monsutti für die Hazara-Migranten aus Afghanistan (2007: 176–177) beschreiben, bestätigt auch Roche, dass die tadschikischen jungen Männer die Geldansparungen nutzen, um mit der Finanzierung der eigenen Heirat ihren Statusübergang einzuleiten (2010: 317). Auch wenn für einige Arbeitsmigranten der Beitrag für den Brautpreis ein Grund für die Migration ist, versuchen andere wie Anvar, David und Dilšod, das Geld lieber zu investieren – beispielsweise in ein Studium oder in die *ha͡gg* der Eltern – und damit die Heirat aufzuschieben. Auch haben einige junge Männer explizit hervorgehoben, dass generell in Tadschikistan mittlerweile Investitionen gegenüber dem demonstrativen Konsum in den Vordergrund rücken würden (Anvar). Vielen jungen Männern, mit denen ich in Russland gesprochen habe, kommt das vom tadschikischen Parlament verabschiedete Gesetz zur Regulierung der Hochzeitsfeiern insofern entgegen, als sie persönlich einer prunkvollen Hochzeit eine mindere Bedeutung beimessen (Anvar; David). Der Wunsch nach prestigeträchtigen Feierlichkeiten wurde als „Frauensache" abgetan, was auch Zūhro unterstreicht:

> Es sind doch die Frauen, die das alles fordern. Es gab so ein Treffen bei uns im Dorf, wo alle Männer zusammenkamen, und da wurde gefragt: ‚Wofür braucht ihr solche Hochzeiten?' Die Männer sagten: ‚Ich habe doch keine Ahnung, wofür wir das brauchen. Die Frau sagt, dass wir das brauchen. Sie sagt mir, wieviel alles kostet, dieser Brautpreis (*qalin*), und für was wieviel nötig ist.' Wenn die Männer dann gesagt haben ‚Warum müssen wir so viel ausgeben?', dann haben die Frauen nur gesagt: ‚Du willst Schande über unsere Familie bringen!' (Zūhro).

Männer sind dieser Aussage zufolge weder in die Organisation der Hochzeit noch in die Entscheidung über die Hochzeitsausgaben involviert. Der von Zühro zitierte Dialog macht deutlich, dass Hochzeitsfeiern mit der Aufrechterhaltung eines sozialen Status verbunden sind. Wird an den Hochzeitskosten gespart – was hier als ein Anliegen der Männer dargestellt wird –, kann der Ruf der Familie beschädigt werden.

In diesem Zusammenhang gibt Reeves eine Erklärung, die ein anderes Licht auf die rituellen Ausgaben wirft. Durch die von den Migranten finanzierten Feierlichkeiten werde die Gemeinschaft in ein Ritual involviert, wodurch der junge Mann seine soziale Präsenz und seine Mitgliedschaft und Position in der Gemeinschaft demonstrieren kann (2012: 130–131). In Tadschikistan sind es zumeist die Frauen, die im Heimatland zurückbleiben und während der Abwesenheit der Söhne oder Ehemänner für die Aufrechterhaltung des Status der Familie in der Gemeinschaft sorgen (Rahmonova-Schwarz 2012: 137f.). Demnach sind es auch die Frauen, die sich positiv für den finanziellen Aufwand der rituellen Feiern aussprechen. Die Männer, auch wenn sie teilweise das Geld lieber anderweitig investieren würden, spielen mit, denn ähnlich wie Reeves es für die jungen Migranten in Kirgistan darlegt, kompensieren die tadschikischen Arbeitsmigranten gewissermaßen ihre Abwesenheit, indem sie (beziehungsweise ihre Mütter) in rituelle Feiern investieren:

> Die Männer schicken Geld, aber wir verschwenden das Geld dann für die Vorbereitung der Hochzeitsfeier und für *barakat* (Segenskraft)[49] (Nafisa).

In Tadschikistan hörte ich auch häufig von Frauen in lokalen NGOs und von jungen verheirateten Frauen Kritik an der wenig nachhaltigen Wirtschaftsweise der älteren Familienmitglieder, die die Rücküberweisungen empfangen. Was Frauen wie Zühro als „Verschwendung des hart erarbeiteten Geldes" ansehen (prestigeträchtige Hochzeit *tüy*, reich gedeckte Tafel *dastarchon*, Goldschmuck...), wird von manchen Arbeitsmigranten allerdings positiv als Aufbesserung des Lebensstandards betrachtet („sie leben dort wie Moskauer" (David)). Die Stärkung des Ansehens der Familie durch Investition in die rituelle Ökonomie ist nicht zwangsläufig kurzsichtig, weil der gute Ruf der Familie auch für die Einzelnen, also auch für Söhne und Töchter, soziale Sicherheit verspricht (vgl. Reeves 2012: 126–131).

---

49 In diesem Kontext sind die Ausgaben bzw. Spenden gemeint, die für den Erhalt der Segenskraft *barakat* bestimmt sind.

Die Investition in gute Heiratsallianzen ist für die Ausweitung des sozialen Netzwerks bedeutend; von seinen neuen Strängen profitiert schließlich die gesamte Großfamilie.

Bilder aus der Migration

Die Besichtigung des Roten Platzes und des Kremls war in zahlreichen Gesprächen mit Arbeitsmigranten in Moskau ein zentrales Thema. Das Neujahrsfest oder ein individueller freier Tag wird für den Besuch dieser Sehenswürdigkeiten genutzt. Auch ich wurde von fast jedem Migranten gefragt, ob ich den Kreml oder den Roten Platz schon gesehen hätte. Bejahte ich die Frage, so fragten sie, ob ich mich an diesen Sehenswürdigkeiten auch hätte fotografieren lassen. Sie zeigten mir sogleich Fotos auf ihrem Mobiltelefon, die ihren eigenen Kremlbesuch dokumentierten. Auch in Tadschikistan hatten mir Angehörige schon Fotos mit migrierten Söhnen (Šarif) und Ehemännern vor und neben diesen Motiven präsentiert. Das fotografische Festhalten des Erlebnisses gehört zur Besichtigung dazu.

Welch herausragende Bedeutung diese Fotos haben, wurde mir erst während eines Ausflugs zum Roten Platz bewusst, zu dem mich Dilšod überredete. Es war sein zweiter Kremlbesuch. Das erste Mal hatte er gemeinsam mit Freunden das Neujahr am Kreml gefeiert. Als ich ihn dieses Mal an der Metrostation traf, fiel mir gleich auf, dass er sich besonders gut gekleidet hatte. Er bestätigte mir, dass er für dieses Ereignis seine neueste Kleidung angezogen hatte. Sobald wir das Gelände um den Kreml erreicht hatten, bat er mich, ihn zu fotografieren. Ich bemerkte, dass er sich bei der Wahl der Motive sehr stark an den russischen Touristen orientierte. Er nahm mir den Fotoapparat aus der Hand, schaute durch die Linse und entschied selbst, wie das Foto gemacht werden sollte. Den Hintergrund der Fotos bildeten der Kreml, die Basilius-Kathedrale, der Eingangsbogen zum Roten Platz, Blumenbeete, Torbögen, eine grüne Wiese und schließlich ein Reiterstandbild, dessen Namen wir beide nicht kannten. Er platzierte sich ins Zentrum der Bilder und versteckte geschickt seine Zigarette. Jedes meiner Fotos wurde geprüft und gegebenenfalls erneut aufgenommen. Trotz seiner nervösen Blicke, wenn sich Polizisten näherten, schien er es sichtlich zu genießen, über den Roten Platz zu schlendern. Er lächelte immer wieder, beobachtete die Touristen und deutete mit einer kleinen Handbewegung auf Menschengruppen, die ihm amüsant erschienen.

Einige von den sechzig Bildern, die an diesem Tag entstanden, wurden über einen Freund seiner Mutter und anderen Verwandten nach Tadschikistan geschickt. Die Motive, die er für die Fotos wählte, lassen auf bestimmte Standards schließen, die auch in Tadschikistan mit Moskau assoziiert werden: der Rote

Platz, der Kreml, Blumenbeete und natürlich auch Touristen aus der ganzen Welt, die an den berühmten Plätzen der Stadt zusammenkommen. Die Bilder überbringen die Botschaft, dass der Migrant etwas von der modernen russischen Welt gesehen hat. Seine neue Kleidung auf den Bildern gibt Auskunft über den Erfolg in der Migration. Gleichzeitig dienen die Fotos als Beweis für die Familienmitglieder in Tadschikistan, dass der Migrant sich guter Gesundheit erfreut. Als ich an einem anderen Tag die Bäckerei besuchte, in der Dilšod arbeitete, traf ich auf seine Freunde. Alle arbeiteten und wohnten gemeinsam in einer Baracke. Einer der jungen Männer forderte mich auf, ein Foto von ihm neben dem Backofen (*tandir*) zu machen. Er bat mich, das Bild folgendermaßen zu betiteln: „Ein junger Mann aus Tadschikistan beim Brotbacken". Die positive Präsentation des Russlandaufenthaltes erfährt so ihre Manifestation. Das Verschicken von Bildern ist zu einem Ritual der liminalen Phase avanciert, einer Handlung, mit der viele migrationsspezifische Informationen übermittelt werden.

Bei Turner und van Gennep ist der Ritualbegriff noch stark religiös konnotiert (Turner 2000: 96; Van Gennep 1986: 25–26). Dass der Ritualbegriff auch auf andere symbolische Handlungen übertragen werden kann, bestätigen unter anderem Krieger und Belliger (2008). Rituale dienen der symbolischen Reproduktion einer sozialen Ordnung, wobei „im gemeinsamen Handeln kollektive Gefühle produziert und reproduziert werden..." (Bergesen 2008: 51). Wichtig für die Perspektive und Umgangsweise mit den verschiedenen Ritualtheorien ist der Einwand von Bell (1992), der die objektive Existenz des Rituals negiert und dieses Modell eher als eine Konstruktion westlichen Forschungsinteresses versteht (Bell in Krieger und Belliger 2008: 28). Einig sind sich die RitualforscherInnen aber in dem Punkt, dass Rituale der Identitätskonstruktion dienen:

> Kulturelle Reproduktion, die Bildung von Gruppensolidarität und die Konstruktion von sozialer und persönlicher Identität erfordern allem Anschein nach repräsentative Darstellungen in Form von performativen Handlungen, die ganz allgemein unter den Begriff ‚Ritual' oder ‚Ritualisierung' fallen (Krieger und Belliger 2008: 32).

Wie zuvor analysiert, haben Präsente über ihre Gegenständlichkeit hinaus eine rituelle oder symbolische Bedeutung (vgl. auch Werbner 1990). In Verbindung mit den Berichten aus Russland erzeugen die mitgebrachten Präsente Imaginationen in Bezug auf den Russlandaufenthalt des Familienmitgliedes. Die übersendeten Fotografien, die den jungen Mann in bestimmten russlandspezifischen Kontexten abbilden, erfüllen eine ähnliche Funktion. Sie demonstrieren seine Reifung und die mit der Migration nach Moskau verbundene Vorstellung von Männlichkeit (vgl. auch Reeves 2012: 112).

6 Statusübergang und Rollenverständnis in der Migration

Ein Jahr lang hat Aligon lediglich dafür gearbeitet, das Geld für seine Hochzeit zusammenzusparen. Seine zukünftige Braut haben dem Brauch gemäß seine Eltern ausgesucht, und dass die Wahl auf eine Cousine gefallen ist, erklärt Aligon ebenfalls mit dem tadschikischen Brauchkomplex. Aligon hat für die Heirat (*tūj*) in Tadschikistan zwei Monate Urlaub bekommen. Er beabsichtigt, kurz nach der Verheiratung wieder allein nach Moskau zurückzukehren und sein gewohntes Alltagsleben fortzuführen. Auf Grund seiner Position in der Familie – er ist der jüngste Sohn – ist für ihn schon von vornherein klar, dass er seine Ehefrau bei den Eltern zurücklassen wird.

> Aligon: Ich habe Ferien für zwei Monate genommen. Ich fahre nach Tadschikistan und dann komme ich wieder zurück nach Moskau.
> David: Er fährt zum Heiraten dorthin.
> W: Oh, zum Heiraten?!
> Aligon: Ja genau, am 25. Juni.
> W: Und wen wirst du heiraten?
> David: Er wird doch eine aus der Familie heiraten.
> W: Wen aus der Familie?
> David: Also, alle, die hier stehen, sind miteinander verwandt. Wir sind alle von Geburt an miteinander verbunden und deshalb heiratet er auch wieder in diesem Kreis. Er wird diesem Kreis niemals entkommen können (*on nikuda ne denetsja*). Anders leben geht einfach nicht.
> Aligon: Bei uns Tadschiken gibt es so einen Brauch (*obrjad*): Die Frau ist dort in Tadschikistan und der Mann hier in Moskau.
> W: Und nach der Hochzeit kommt sie mit nach Moskau?
> Alle drei zusammen: Nein, nein!
> Aligon: Sie wird zuhause bleiben bei den Eltern, ich bin nämlich der Jüngste in der Familie.
> Parviz: Die Schwiegertochter (*kelin*) wird zuhause sein, und er wird zurückkommen und wird hier noch eine Frau heiraten (alle drei lachen).

Das von Aligon vorgetragene hierarchische Familienmodell sieht vor, dass der jüngste Sohn der Familie im elterlichen Haus bleibt. Obwohl Aligon dieser Pflicht mit der Heirat nachkommen möchte, hat er über seine physische Abwesenheit schon mit seiner zukünftigen Migration entschieden. David verweist darauf, dass Aligon trotz seiner Migration dem Familienverbund niemals entkommen wird: Damit dieser Familienverbund Stärkung erfährt, wird Aligon innerhalb der Großfamilie verheiratet.

In Bezug auf die Migration erfüllt der Heiratsritus auch den Zweck, das Kind an das elterliche Haus zu binden (Roche 2010: 318). Die Verheiratung des Kindes

https://doi.org/10.1515/9783110668933-006

in Tadschikistan ist für die Eltern eine Absicherung, dass ihr Kind trotz Migrationsaufenthalten in das elterliche Haus zurückkehren wird, da auch die Schwiegertochter temporär oder dauerhaft während der Abwesenheit bei ihnen lebt und sie als Hausherren die Rücküberweisungen empfangen werden. Infolge des bevorstehenden Wechsels zum Status des erwachsenen Mannes wird sich der Neuverheiratete finanziell um die älter werdenden Eltern genau so wie um seine Ehefrau kümmern müssen, wobei letztere mit ihrer physischen Anwesenheit im Elternhaus des Gatten zur Unterstützung der alternden Eltern herangezogen wird (vgl. Harris 2004: 103f.). Mit dem Heiratsritual und dem daraus resultierenden Statuswechsel wird diese Verpflichtung für die Gemeinschaft offensichtlich gemacht (Straube 2002: 239; Roche 2010: 264–265).

Da Alişon die Finanzierung der kostspieligen Hochzeit selbst übernimmt, wird er in der Gemeinschaft besonders hoch angesehen sein, aber gleichzeitig gilt das auch für seine Eltern, da sie die gute Erziehung des Sohnes bewiesen haben. Mit der Heirat und dem Einzug der Braut ins Elternhaus wird der Sohn die Gemeinschaft und seine Eltern zufriedenstellen, denn auch diese können ihre elterliche Pflicht mit der Verheiratung des jüngsten Sohnes erfüllen und damit ihren Status demonstrieren. Die Finanzierung des Studiums – die er als eigentliche Absicht für die Migration vorgibt und aufgrund derer ihm sein Vater ursprünglich den Migrationsaufenthalt gestattet hatte – rückt in den Hintergrund. Durch den Statuswechsel und die damit einhergehende Verantwortung steht nach der Heirat die Unterstützung der ganzen Familie an erster Stelle. Dadurch erfährt seine geplante erneute Migration abermals Legitimation.

In den Interviews signalisiert er seine Bereitschaft, die Rolle als erwachsener Mann in der Familie einzunehmen. Er repräsentiert die Verinnerlichung eines „traditionellen" Rollenverständnisses; die Tatsache jedoch, dass er über längere Zeit seine Frau in Tadschikistan zurücklassen möchte, wodurch sie gegebenenfalls – was einem herkömmlichen Leben so nicht entspricht – landwirtschaftliche Arbeiten verrichten wird und ohne Ehemann leben muss, widerspricht de facto dieser Rolle.[50] Allerdings wirken ökonomische Umstände und sozio-politische Entwicklungen auf gesellschaftliche Normen und das Verständnis von erwachsener Männlichkeit ein. Das Weggehen des jungen Mannes und das Zurücklassen der Ehefrau wird mittlerweile in Tadschikistan – ähnlich wie bei den Hazara-Gemeinschaften, die Monsutti beschreibt (2007: 169) – als eine Art männliche Lebensweise performiert (Olimova und Kuddusov 2007: 5). Aufgrund dieser sozial

---

50 Olimova und Kuddusov (2007: 83) und Kasymova (2007: 160–161) argumentieren, dass die Frauen in Migrationsfamilien mehr Arbeit verrichten als in Nichtmigrationsfamilien, obwohl die Männer mit der Arbeitsmigration beabsichtigen, den Arbeitsaufwand der Frauen zu reduzieren.

akzeptierten männlichen Lebensweise wird Aliğons erneute Migrationsabsicht von der Gemeinschaft toleriert.

Solange er seine Unterordnung durch Präsente und Rücküberweisungen ständig unter Beweis stellt, braucht er physisch nicht permanent anwesend zu sein (vgl. Reeves 2012: 112). Seine Familie und die Gemeinschaft sind sich der Gefahren einer Migration bewusst und wissen beispielsweise, dass er – wie Parviz schon über Aliğon sagte – noch eine weitere, vielleicht nicht-muslimische Frau haben wird. Wenn er diese ohne Absprache mit den Eltern heiraten würde, wäre dies nach dem oben beschriebenen allgemeinen Verständnis ein Vergehen an der tadschikischen Gemeinschaft (Harris 2005: 83–85). Da Aliğon aber die Hochzeitsaussteuer eigenständig erwirtschaftet und sich der elterlichen Brautwahl gefügt hat, sind bis zum Zeitpunkt der Heirat ihm gegenüber keine „lebenseinschränkenden Maßnahmen" gesetzt worden, so wie das bei Aleks der Fall war. Denn als Aleks für seine in Usbekistan lebende Frau unerreichbar wurde (er kein Geld mehr überwies) und seine Familie von der Eheschließung mit Sitora erfuhr, wurden ihm seine Rechte als Sohn streitig gemacht, und ihm wurde in Moskau von den männlichen Familienmitgliedern seiner in Usbekistan zurückgebliebenen Ehefrau gedroht, dass sie Sitora körperliche Gewalt antun würden, wenn er sich nicht von ihr trennen würde. Da Aleks über das familiäre Netzwerk seiner Ehefrau in Usbekistan nach Moskau kam und von diesem in das Migrationsleben eingeführt wurde, hatte dieses Netzwerk Macht über ihn. Es zeigt sich, dass familiäre Netzwerke auch über eheliche Beziehungen der Arbeitsmigranten in Russland wachen (Rahmonova-Schwarz 2012: 185). Aliğon hat frühzeitig seine familiären Pflichten für einen Statusübergang (Präsentation der erfolgreichen Migration durch Rücküberweisungen) erfüllt. Infolgedessen wird ihm sein familiäres Netzwerk gewisse Freiheiten zugestehen. Aliğon hat durch die zeitgerechte Performance der männlichen Genderrolle[51] Chancen, eine machtvolle Position in der Familie einzunehmen. Die Einbeziehung in Familienentscheidungen über Ressourcen wäre ein Beispiel dafür.

Im Unterschied zu Aliğon ist Aleks, der Ehemann von Sitora, den Forderungen der Familie nicht nachgekommen. Er hat sich gegen seine in Usbekistan zurückgelassene Ehefrau entschieden, den Kontakt zu ihr und dem gemeinsamen Kind abgebrochen und dadurch einen Konflikt mit der Familie verursacht. Der Rolle des guten Sohnes und fürsorglichen Ehemannes und Vaters hatte er bereits

---

51 In Anlehnung an Reeves (2010) und mit Einschränkung auch Harris (2004) und Kasymova (2007) betrachte ich Männlichkeit nicht als biologisch vorbestimmt, sondern als etwas, das durch bestimmte Genderverhältnisse entsteht. Die drei Forscherinnen beziehen sich in ihren Analysen auf Connell (1995), der Männlichkeit als eine Struktur der sozialen Handlung versteht.

nicht entsprochen, als er die erwarteten Rücküberweisungen an die Familie nicht tätigte und schließlich ohne Einverständnis der Eltern auch noch in Moskau eine geschiedene Tadschikin (Sitora) mit Kind heiratete. Durch die Nichterfüllung seiner sozialen Pflicht hat er das Ansehen der Eltern in der Gemeinschaft beschädigt, denn das Verhalten des Kindes wird zum Etikett der Eltern (Stephan 2010: 183–184). Die Schuld für die Rebellion des jungen Mannes wird letztlich in einer verfehlten moralischen Erziehung durch die Eltern gesehen (Harris 2004: 97f.). Diese müssen vor der community weniger das Fehlverhalten ihres Sohnes rechtfertigen als ihren eigenen Kontrollverlust: Aufgrund ihrer elterlichen Position sind sie dafür zuständig, ihre Kinder bezüglich des richtigen Auslebens der Genderrolle ständig zu überwachen (Harris 2004: 19). Die Jüngeren müssen gemäß ihrer Position die Anweisungen und Befehle der Älteren befolgen; im weiteren Sinne ist nur auf diese Weise die Garantie für die Einhaltung des Generationenvertrags gegeben (Stephan 2010: 184).

Die Gemeinschaft ist sich bewusst, dass hier sozusagen ein Schauspiel[52] stattfindet; es wird nicht hinter die Kulissen geschaut, da der Bruch mit einem Familienmitglied, der dann unausweichlich wäre, weitreichende Konsequenzen für alle Mitglieder der Gemeinschaft haben kann. Durch Konflikte, die im Zuge der Migration durch einen Verstoß gegen die Familie, zum Beispiel durch Ehebruch, entstehen (die Geschichte von Aleks und Sitora), gelangen Geschlechterkonflikte durch die Medien an die Öffentlichkeit (Kasymova-Interview). In Tadschikistan werden TV-Serien ausgestrahlt, die über verlassene bzw. geschiedene Frauen, verarmte Familien und alleingelassene Kinder berichten. In diesen Sendungen wird an die Moral der Männer appelliert, den Reizen der russischen Lebensweise zu widerstehen und der Familie treu zu bleiben.

Rollenveränderung im Zuge der Migration

Rustam, ein Interviewpartner, den ich aus der Migration zurückgekehrt in Tadschikistan traf, erklärte mir in einem sehr aufschlussreichen Interview, wie komplex und schwer erfüllbar die Rollen des Mannes sein können, insbesondere nach einer Migration nach Russland:

---

52 Wie in vielen Interviews deutlich wurde, wissen beispielsweise junge zurückbleibende Frauen in Tadschikistan sehr wohl von „Freundinnen" ihrer Männer, verheimlichen aber ihr Wissen darum aus Angst vor einem Konflikt.

Ja, weißt du, er selbst, er kann nicht, –weißt du–, die *mahalla* (Nachbarschaft), die lässt nicht zu, dass er aus diesem Rahmen herausspringt. Der Mann, er darf mit seiner Redeweise, mit seinen Füßen, mit allem nicht da raus. Die Nachbarschaft, die Straße oder das Stadtviertel (*mahalla, ulica, rajon*), die lassen nicht zu, dass du aus diesem Rahmen hinausgehst. Sie sagen dann ‚Wie konntest du nur?! Das darfst du doch nicht, du bist doch ein Muslim'. Sie lassen nicht zu, dass du dich entwickelst, dass du eine andere Weltsicht bekommst. Verstehst du? Die Religion, sie bleibt einfach bestehen, verstehst du? (Rustam).

Rustam betont das Vorhandensein eines „Rahmens", der die Handlungsfreiheit und den Habitus des Mannes determiniere; mehrmals wiederholte er in verschiedenen Zusammenhängen, dass ein Ausbrechen aus diesem Rahmen nicht möglich ist. Das soziale Umfeld (*mahalla, ulica, rajon*) sei die Kontrollinstanz, die über die Aufrechterhaltung des Rahmens wacht, also über die korrekte Performance der auf der gesellschaftlichen Moral beruhenden Genderrolle. Kasymova beschreibt diese Kontrollinstanz aus sozio-historischer Perspektive als ein Überleben des patriarchalen Systems, das durch einen Familienverband (*avlod* und *qavm*) aufrechterhalten wird. Bei Vergehen gegen die Normen muss sich daher der Mann nicht nur vor den Eltern rechtfertigen, sondern vor dem ganzen *avlod* (Kasymova 2007: 28; auch Khusenova 2010: 281–282; Olimova und Bosk 2003: 51–52).

Ein nicht normgerechtes Verhalten wird als Verstoß gegen den Konsens der Gemeinschaft aufgefasst, der den „Rahmen" des moralischen Gerüsts aufrechterhält. Wird die so bezeichnete „muslimische Identität" angezweifelt, wird zugleich das Männlichkeitsverständnis in Frage gestellt, da das Rollenverständnis hier seine Legitimation durch den Islam erfährt. In allen Interviews mit jungen Männern wurden die zu erfüllenden Aufgaben oder Rollen letztlich mit dem islamischen Glauben gerechtfertigt (Aligon; Ravšan; Dilšod). Mit der schwerwiegenden Anschuldigung, kein Muslim zu sein, läuft das Mitglied der Gemeinschaft Gefahr, nicht akzeptiert zu werden und bestimmte gesellschaftliche Positionen bzw. seinen Status nicht erreichen zu können. Der Islam wird von Kindesbeinen an als identitätsstiftendes, die Gemeinschaft zusammenhaltendes und die Lebensweise vorgebendes Element gelehrt (Kasymova-Interview). Die Religion dient gleichsam zur Sicherung der Autorität der Erwachsenen und zur Bindung des Kindes an die Familie (Stephan 2010: 285). Die Eltern und die Gemeinschaft sind dafür zuständig, dass spätestens im Jugendalter dieses moralische Verständnis verinnerlicht ist (ebd.: 173ff.).

Rustam und alle anderen ArbeitsmigrantInnen betonen, dass sie dieses moralische Verständnis auch im translokalen Raum respektieren. Dieses Zugeständnis schließt die Positiverfahrung nicht aus, die viele Migranten mit einer Begegnung und Interaktion mit anderen Lebenskonzepten und Genderrollen in Russland gemacht haben. Aus der Erfahrung des Aufeinandertreffens solcher unterschiedlicher Lebenskonzepte in Moskau resultiert eine veränderte Weltsicht (*mirovozzrenie*), wie aus den Gesprächen mit Schwestern und Ehefrauen hervorgeht. In Tadschikistan wird die Implementierung einer anderen Lebensweise und eines anderen Geschlechterverhältnisses durch die Kontrollinhaber hart verurteilt und strikt verhindert. Rustam kritisiert dieses rigide und konservative Verhalten insbesondere dahingehend, dass die Religion als Druckmittel eingesetzt werde, um eine nicht der heimischen Norm entsprechende Individualisierung und Weiterentwicklung des Menschen zu unterbinden. Er verdeutlicht im Interview, dass Individualisierung mit Abkopplung (Abtrünnigkeit) von der Gemeinschaft gleichgesetzt und zugleich als ein Vergehen gegen den Islam vorgeführt wird. Für die zurückbleibende Gemeinschaft, die häufig von den Rücksendungen des Arbeitsmigranten abhängig ist, verbirgt sich hinter der Angst vor der Individualisierung, die der Ort Moskau symbolisiert, die Furcht, dass der Sohn den eigenen Bedürfnissen Vorrang vor den Forderungen der Gemeinschaft einräumen könnte und somit letztlich die Lebensgrundlage der Familie gefährdet.

Mit einem solchen Status, wie von Rustam und anderen in den letzten Kapiteln beschrieben, geht auch ein bestimmtes Rollenverständnis einher, das im tadschikischen Kontext stark mit einer klaren Vorstellung von Geschlecht und Geschlechterrollen verbunden ist (Kasymova-Interview). Um die Genderidentitäten im postsowjetischen Raum zu beschreiben, wählt Harris (2004: 21ff.) das Bild von „Gendermasken". Menschen verinnerlichen nicht alles, was ihre Genderidentität konstruiert; je nach Bedarf und Handlungsspielraum werden bestimmte Genderidentitäten projiziert, aber nicht jede Handlung passt zu den nach außen repräsentierten Geschlechterrollen. Im tadschikischen Kontext beschreibt Harris die Genderidentitäten als derart begrenzend, dass sie nur schwer vollkommen verinnerlicht werden können (Harris 2004: 22). Aber in der Gemeinschaft kommt es weniger auf vollkommene Verinnerlichung an als auf die Repräsentation von Respekt vor diesen Normen sowie deren Bewahrung und Performation. Die „Gendermaske" wird zum Schutz vor negativen Konsequenzen aufgesetzt, so Harris. Mit der aufgesetzten Maske ist die Position in der Gemeinschaft gesichert, da in diesem Falle alle Involvierten im Hinblick auf den *status quo* der Gemeinschaft Gendermasken vorhalten und damit in ihren klar definierten Rollen agierten (Harris 2004: 21–22).[53] Harris (2004: 24) und Reeves (2010: 235) argumentieren,

---

53 Ich möchte hinzufügen, dass Frauen ihre „traditionelle" Genderrolle nicht nur performieren, um von der Gemeinschaft toleriert zu werden, sondern auch, weil sie dadurch Ansprüche stellen können wie etwa den, dass die Männer sich um die wirtschaftliche Stabilität des Haushaltes kümmern müssen.

dass einem Individuum Variationen der eigenen Genderperformance in unterschiedlichen Kontexten und immer in Abhängigkeit vom Gegenüber zur Verfügung stehen.

In Bezug auf Aligons Migrationsentschluss, den seine Schwester im Interview anführt, wird erkennbar, dass er sich den kulturellen Kodex (formuliert in der Aussage *vaqt šud* ,es ist an der Zeit') zu eigen gemacht hat, um damit zeitweise einen losgelösten Lebensweg außerhalb des elterlichen Kontrollbereichs und ohne Studium gehen zu können. Trotz des jahrelangen Erlebens einer „Anti-Struktur" in der Migration macht er mit seinem Handeln deutlich, dass er den Respekt vor den geltenden Normen nicht verloren hat. Durch die Übernahme der Kosten für die Hochzeit macht er deutlich, dass er als männlich erachtete Kompetenzen besitzt, da er die Migrationsschwierigkeiten der liminalen Phase erfolgreich überstanden hat. Anders als sein Cousin David, der sich seit Jahren gegen eine Heirat wehrt und damit die liminale Phase ausdehnt, hat Aligon in die Wiedereingliederung eingewilligt.

Die tadschikische Soziologin Kasymova schildert in ihrem Werk und in einem Interview mit mir ihre Beobachtungen bezüglich der Veränderungen der Genderordnung vom sowjetischen zum postsowjetischen Tadschikistan. Sie analysiert die Transformation der Genderrollen einmal während der Implementierung der sowjetischen Macht und das andere Mal unter dem Einfluss der Globalisierung nach der Unabhängigkeit Tadschikistans. Kasymova thematisiert Konflikte, die zwischen den Geschlechtern entstehen, weil die „traditionelle Männlichkeit" mittlerweile nur noch schwer zu performieren ist (Kasymova 2007: 165). Wie auch Sitora und Rustam im Interview deutlich machen, wird diese nach wie vor durch die Frauen und die Gemeinschaft eingefordert, wenn es um die finanzielle Versorgung der Familie geht.

Die Konflikte reichen zurück in die 1990er Jahre, in denen ein großes Chaos in der Geschlechterordnung in Tadschikistan Einzug hielt. Es begann ein Tauziehen zwischen Modernisierung und „Repatriarchalisierung" der Gesellschaft (Kasymova 2007: 58). „Islamische Normen" rückten in die Öffentlichkeit und mit ihnen auch bestimmte Vorstellungen von Genderrollen, die nun zwischen den beiden genannten Tendenzen ausbalanciert werden müssen. Eine Folge dieser Orientierungssuche ist, dass Orientierung stiftende Statusübergänge wie Hochzeiten und andere Feierlichkeiten an Bedeutung gewinnen, die Kosten dafür aber infolge des Mangels an Ressourcen von der Familie allein nicht getragen werden können (Kasymova-Interview). Reeves merkt an, dass mit der Steigerung des Lebensstandards auch die Kosten für Hochzeit und Brautpreis deutlich gestiegen sind (2012:

108–109). Roche und Rahmonova-Schwarz sehen eine Veränderung dahingehend, dass die Riten des Lebenszyklus in Tadschikistan mittlerweile hauptsächlich durch die Erwerbstätigkeit der jungen Männer in Russland finanziert werden müssen (Roche 2010: 299; Rahmonova-Schwarz 2012: 220).

Wenngleich die Hauptfunktion der „traditionellen Männlichkeitsrolle" die Versorgung der Familie ist, muss der junge Mann in verschiedenen sozialen Kontexten, ob als guter Sohn, Vater, Ehemann oder Mitglied der *mahalla* (Stadtviertel), noch weitere kulturspezifische Rollen performieren, die ihm den Status als Mann in der Gemeinschaft verleihen (Reeves 2010: 244–245). Auch die sowjetische Genderpolitik, die die Erwerbstätigkeit von Frauen förderte, hat diese Rollenaufteilung nicht substanziell durchbrochen (Kasymova 2007: 164–165). Die schlechte wirtschaftliche Situation, die damit einhergehende Arbeitslosigkeit und die Arbeitsmigration haben die Position des Mannes in der Familie und seinen Status in der Gemeinschaft stark herabgesenkt (Kasymova 2007: 165). Dieser Umstand löst bei der heranwachsenden Generation junger Männer eine „Abkehr von den Werten und Traditionen" aus (Stephan 2010: 63), wodurch sie in der Gesellschaft als wild und gefährlich angesehen werden (ebd. 64; Roche 2010: 320f.).

Die Erziehergeneration erlebt die schwerfällig erscheinende Anpassung der jungen Männer als eine zunehmende Loslösung von der sozialen Ordnung. Sie befürchtet eine „Erosion des *hurmat*-Prinzips" (Stephan 2010: 184). Gerade in Zeiten sozialer und wirtschaftlicher Unsicherheit hält die Gemeinschaft darum umso strenger an der hierarchischen Familienordnung und einem klar bestimmten Rollenverständnis fest (Khusenova 2010: 290). Die jungen Männer aber können und wollen die ihnen zugewiesene Rolle nicht mehr erfüllen. Diese Situation führt nach Kasymovas Beobachtung zu einer „Transformation der traditionellen Charakteristiken von Männlichkeit" in Tadschikistan (Kasymova 2007: 165). Die Migration junger Männer ist eine Ausdrucksmöglichkeit für diese angespannte Situation. Anhand der Interviews wurde deutlich, dass durch den Migrationsweg das Verlangen nach Autonomie sowie die individuellen Bedürfnisse (Konsumgüter, Heiratswahl) befriedigt werden, jedoch findet das Ausleben einer abweichenden, alternativen Männlichkeit außerhalb des Heimatortes statt. Zugleich schaffen es die jungen Männer aber gerade durch die Errungenschaften der Migration, auch das patriarchale System zu bedienen. Diese Strategie des Auswegs, die dazu dienen soll, einen Konflikt zwischen den Generationen zu vermeiden, trägt zur Vitalität der „Repatriarchalisierung" des Systems bei.

Allerdings kann ein Weggang und die zeitweilige Loslösung, wie bereits thematisiert wurde, auch zum Bedürfnis nach Realisierung eines dauerhaft alternativen Lebensentwurfes führen (Kasymova 2007: 166), was einem „Aussteigen" im Turner'schen Sinne (Turner 2000: 111) gleichkäme. In Zusammenhang mit der

Migration der jungen Männer wird die Implementierung der islamischen Moralität und die damit verbundene Praxis der ritualisierten Statusübergänge zu einer Strategie, um dem befürchteten gänzlichen „Aussteigen" aus der Gesellschaftsstruktur entgegenzuwirken.

Staatsbürgerschaft als Element einer Kontinuitätsstrategie

Rücküberweisungen bringen für Migranten und Zurückbleibende Veränderungen, die durch das Geld bedingt sind: neue Wünsche, Forderungen, Ideale und eine neue Lebensweise (Cohen und Sirkeci 2011: 98). Besonders deutlich zu spüren sind diese Veränderungen in ruralen Gegenden, in denen die Familien sehr stark von Rücküberweisungen abhängig sind (ebd.: 102). Treffen Geldtransfers ein, so hat das starke Auswirkungen auf die landwirtschaftliche Aktivität einer ruralen Familie. So zeigen einige Forschungen (auch zu Tadschikistan, z.B. Eggenberger 2011), dass manche Familien, in denen Migranten Rücküberweisungen senden, ganz aufhören, auf ihren Feldern zu arbeiten (Cohen und Sirkeci 2011: 102).[54] Begründet wird diese Entwicklung im Falle Tadschikistans mit dem Argument, dass die Einnahmen durch die Migration im Vergleich zu den landwirtschaftlichen Erträgen höher sind (Umarov 2010: 17; Dilšod).

In zahlreichen Gesprächen mit Arbeitsmigranten wurde mir deutlich gemacht, dass aufgrund der schwierigen wirtschaftlichen und politischen Lage Tadschikistans eine Investition in ein landwirtschaftliches Projekt oder in ein „Business" im Heimatland keine ernsthafte Option sei (Aliğon; Ravšan; David). Einige junge Männer versuchten zwar, eine kleine, unabhängige Einnahmequelle für die Familie zu schaffen – beispielsweise dem Vater ein Auto zu kaufen, damit er Waren zum Markt fahren kann (Dilšod), oder in Tadschikistan ein kleines Geschäft aufzumachen (Manučehr); ohne verwandtschaftliche Verbindungen oder zumindest einen regionalen Bezug zum Präsidentenlager können aber, so die Informanten, Profit bringende Geschäfte in Tadschikistan kaum bestehen. Resigniert über diesen Zustand ziehen viele junge Arbeitsmigranten in Erwägung, sich ein dauerhaftes zweites Standbein in Russland aufzubauen (Ravšan; Aliğon; David u.a.). Entscheidend für das Gelingen dieser Strategie ist die Legali-

---

54 In vielen ländlichen Gegenden Tadschikistans müssen die Frauen mit doppeltem Arbeitsaufwand den saisonalen Männermangel (die meisten Männer migrieren in den Sommermonaten) in den Dörfern kompensieren. Die Frauen sind überfordert, können jedoch bei unzureichender finanzieller Unterstützung durch ihre Männer auf den Ertrag der Felder nicht verzichten (Sitora; Anora).

sierung des Arbeitsverhältnisses und im besten Falle eine russische Staatsbürgerschaft. Wenn er diese zugewinnt,[55] kann der Migrant in verschiedenen Arbeitsbereichen tätig werden und etwa ein eigenes Bistro oder ein ähnliches Geschäft (z.B. Davids Kebab-Bude) eröffnen. Erst mit einer solchen Sicherheit, die aber schwer zu erlangen sei, könne sich der Mensch ein „würdevolles Leben in Russland aufbauen":

> Es macht keinen Unterschied, woher die Polizisten (*menty*) kommen. Sie haben die russische Staatsbürgerschaft und das reicht. Auch ich habe die russische Staatsbürgerschaft. Ich bin auch ein russischer Staatsbürger. Mit einer Staatsbürgerschaft kann man sich doch erst ein Leben in Moskau aufbauen (David).

Staatsbürgerschaft impliziert Handlungsmacht: Nicht die ethnische Zugehörigkeit der *menty*, sondern ihr Status als russische Staatsbürger ist entscheidend für ihren Handlungsradius, und genauso verhält es sich bei den tadschikischen Migranten (Aliğon). Mit der Staatsbürgerschaft schafft man sich ein Instrument, das als eine Art Schutzschild vor den russischen Sicherheitskräften dient. Nach Erhalt der Staatsbürgerschaft, so konstatiert David, kann man sich in Russland eine Existenz schaffen. Restriktionen, die eigentlich dafür sorgen sollten, dass MigrantInnen nicht lange im Land bleiben, bewirken letztlich, dass die Migranten verschiedene Möglichkeiten suchen, um schnell die Staatsangehörigkeit zu erlangen (ähnlich beschrieben bei Cohen und Sirkeci 2011: 69).

> Parviz: Ja, weil ich noch keine Staatsbürgerschaft habe, deshalb kann ich noch nicht viel Geld verdienen. Aber ich werde bestimmt bald die Staatsbürgerschaft erlangen.
> David: Die Chinesen! Die Chinesen bekommen schon die Staatsbürgerschaft.
> W (zu David): Und haben Sie schon die Staatsbürgerschaft?
> David: Oh ja, ich habe sie schon lange, bestimmt so sechs Jahre. Ich habe sie für Geld bekommen, ehrlich gesagt. Ich habe gutes Geld dafür bezahlt, 150.000 Rubel (*rossijskich*).
> Parviz: Und er hat eine Staatsbürgerschaft genau mit Registrierung für diesen Stadtbezirk hier bekommen!
> W: Und war das schwer?
> David: Oh ja, das ist überhaupt nicht leicht. Drei Jahre habe ich auf die Beantwortung meiner Anträge gewartet, und dann habe ich mich entschieden, einfach eine zu kaufen.

Parviz und Aliğon haben ebenfalls schon vor einigen Jahren den Antrag auf russische Staatsbürgerschaft gestellt und warten noch immer auf eine Antwort. Kurz nachdem die russische Regierung 2006 eine vereinfachte Prozedur für den Erhalt

---

55 Aufgrund eines bilateralen Abkommens zwischen Russland und Tadschikistan können BürgerInnen beider Staaten seit 1995 beide Staatsbürgerschaften besitzen (Rahmonova-Schwarz 2012: 146).

der russischen Staatsbürgerschaft einführte, stellten Tausende zentralasiatische MigrantInnen einen Antrag darauf (Rahmonova-Schwarz 2012: 146). Mit ironischem Unterton merkt David an, dass Chinesen, die nicht Bürger der früheren Sowjetunion waren, die russische Staatsbürgerschaft eher erlangen würden als Tadschiken. Dass besonders den TadschikInnen auf dem Weg zur Legalisierung viele Hürden gestellt wurden,[56] beschreiben auch Olimova und Bosk (2003: 62) und Barno (Interview). David gab drei Jahre nach Antragstellung auf, weitere bürokratische Schritte für eine Legalisierung zu unternehmen. Für 150.000 Rubel hat er die russische Staatsbürgerschaft und eine Registrierung für die Region gekauft, in der er lebt. Durch die Legalisierung seines Status konnte er in Moskau seine Kebab-Bude eröffnen und eine eigene Wohnung mieten. Seine ganze Verwandtschaft profitiert von dieser Legalisierung: nicht unbedingt aufgrund der Höhe der Rücküberweisungen (die davon nicht immer beeinflusst wird), sondern vor allem weil David seinen Neffen im Laden einstellen und ihm einen Schlafplatz in seiner Wohnung zur Verfügung stellen konnte (David).

Olimova und Bosk (2003: 62) und weitere IOM-Berichte thematisieren die Bedeutung der russischen Staatsbürgerschaft für tadschikische ArbeitsmigrantInnen: Die Mehrheit der MigrantInnen wünscht sich ihren Umfragen zufolge, russische/r StaatsbürgerIn zu werden. Für Olimova und Umarov ist die steigende Zahl der Anträge auf Staatsbürgerschaft ein Indiz dafür, dass die Arbeitsmigranten in Tadschikistan keine Perspektive mehr für sich sehen (Umarov 2010: 35–36). Dafür machen die von mir befragten Arbeitsmigranten unter anderem das Fehlen von demokratischen Strukturen und die damit einhergehende Armut verantwortlich (Ravšan; David). Andererseits werden die MigrantInnen vom besseren russischen Lebensstandard, von den höheren Gehältern in Russland und von den besseren Bildungsmöglichkeiten für die Kinder angezogen (Umarov 2010: 35–36). Auch Aliğon und Parviz bemühen sich um die russische Staatsbürgerschaft, um sich selbst und ihre Familie für die Zukunft ökonomisch abzusichern.

Die thematisierte Vulnerabilität in Moskau und das Bedürfnis nach besseren Lebensumständen – letzteres insbesondere nach gehabter Russlanderfahrung – lässt den Wunsch nach Legalisierung des Aufenthaltes entstehen. Wenn diese erlangt ist, bewirkt das meist eine lange, womöglich dauerhafte Emigration und Niederlassung in Russland, die zuvor gar nicht so geplant war (David; Aliğon; Šarif). Im Gegensatz zu dem, was für junge Arbeitsmigranten aus dem indischen

---

56 Seit 2006 hat die russische Regierung für BürgerInnen von manchen Staaten der ehemaligen Sowjetunion, unter anderen auch für TadschikInnen, den Legalisierungsprozess erleichtert (Ivakhnyuk 2009: 55).

Kerala und aus Afghanistan beschrieben worden ist, wird in Tadschikistan die Dauerschleife der Arbeitsmigration bis zu einer gewissen Altersgrenze, nämlich sobald die eigenen Söhne der Arbeitsmigranten aufbrechen müssten, nicht als Versagen angesehen.

Entscheidendes Kriterium für eine gesellschaftlich akzeptierte, dauerhafte migrantische Lebensweise ist ein legaler Status, im besten Fall die russische Staatsbürgerschaft. Ein solcher Status symbolisiert Erfolg und schafft mehr Sicherheit für alle Involvierten, denn im Idealfall garantiert die Legalisierung geregelte und kontinuierliche Rücküberweisungen, wodurch die Großfamilie versorgt und das Familienmodell in seiner Ordnung gestützt wird. Allerdings zeigen Studien, dass mit zunehmender Migrationsdauer die Rücküberweisungen abnehmen (z.B. ILO 2010a: 18). Und wie meine Studie gezeigt hat, werden durch Etablierung in Moskau alternative Lebensentwürfe hervorgebracht (Aleks; Sitora; David; vgl. Kasymova 2007: 166). Der oft ausgesprochene Wunsch nach Legalisierung spiegelt also vielfach das Bedürfnis nach Status und Sicherheit, bei manchen (z.B. Aleks und Rustam) aber gleichzeitig auch, oder gar vor allem, das Verlangen nach Loslösung aus dem Interdependenzverhältnis mit der Familie.

7 Fazit

Beschleunigte Reifung

Die Analyse hat gezeigt, dass der Aufenthalt in Moskau bei Arbeitsmigranten und auch Familienangehörigen, die indirekt in den Migrationsprozess involviert sind, als ein Lebensabschnitt wahrgenommen wird, der von hoher Emotionsdichte geprägt ist und seine transformierenden Spuren hinterlässt. Der Migrant geht mit einer gewissen Vorstellung und Hoffnung nach Moskau: „Jeder Migrant hat eine Vorstellung, einen Plan, wie er Geld verdienen will" (Maorifat).

Das Alltagsleben in Moskau erweist sich dann jedoch schwieriger und gefährlicher, als die meisten jungen Männer vor der Reise erwartet hatten. Gefühle der Unsicherheit und Angst begleiten nicht nur den Migranten durch sein Alltagsleben in Moskau – auch die zurückbleibenden Angehörigen bangen um Gesundheit, Wohlbefinden und Rückkehr ihres Familienmitgliedes. Die erste räumliche Trennung von Familie und Heimat wird durch die Migranten schmerzhaft wahrgenommen. Ein Bewusstsein für die nationale bzw. ethnische Identität erwächst durch das Erleben der eigenen Statuslosigkeit – die „Anti-Struktur" – in einem fremden sozialen Kontext (Moskau) mit anderen Regeln und Normen.

Glück und Freude sind groß auf beiden Seiten, wenn der Migrant unversehrt und mit Präsenten und einer guten Menge Geld aus der Migration nach Tadschikistan zurückkehrt. Durch den Erfolg seines ersten Migrationsaufenthaltes wird sichtbar, dass der junge Mann den Herausforderungen der Migration gewachsen war. Damit hat er seiner Gemeinschaft bewiesen, dass er den Übergang vom Jugendlichen (Hilfebezieher) zum Erwachsenen (Hilfegebenden) bewältigt hat. Indem er früh Verantwortung für die Familie übernimmt, hat der junge Migrant eine kürzere Jugendzeit in Tadschikistan erlebt (vgl. auch Roche 2010: 323). Ein Migrationsaufenthalt ist demnach durch seine „anti-strukturelle" Eigenschaft der alternative und verkürzte Weg, durch den ein Statusübergang vollzogen werden kann.

Migration als Ressource für Männlichkeit und Status

Die Arbeitsmigration nach Russland ist durch ihre kettenartige Kontinuität für viele Heranwachsende ein integraler Abschnitt im lokalen Lebenszyklus geworden. Angesichts schwieriger sozio-ökonomischer Umstände und großer Arbeitslosigkeit unter jungen Erwachsenen in Tadschikistan (Olimova 2009: 366) dient die Migration in einem geglückten Fall der Beschleunigung der Reifung (Roche

https://doi.org/10.1515/9783110668933-007

2010: 301ff.) in der durch die Kultur definierten Lebensbahn eines Heranwachsenden zum Mann-Sein. Durch die Akzentuierung und Präsentation von Eigenschaften, die in der gegebenen Kultur mit wesentlichen Kategorien von Männlichkeit assoziiert werden (Kasymova-Interview), signalisiert der junge Mann, dass er für den Statuswechsel bereit ist. Im tadschikischen Kontext sind dafür „Schuldenabarbeitung" (Beachtung der Reziprozität des Gebens), Demonstration von Durchhaltevermögen und die erwiesene Verbundenheit zur Heimatgemeinschaft zu nennen. Infolge der oben erwähnten Emotionsdichte kann der erste Migrationsaufenthalt auch im tadschikischen Kontext in Anlehnung an Reeves als eine Bewährungsprobe aufgefasst werden, die, sofern sie bestanden wurde, einen Reifungsschub bewirkt, ähnlich wie er in der sowjetischen Zeit durch den Militärdienst erfolgte (Reeves 2010: 243; ähnlich Roche 2010: 314).

Ist die Initiation in das Erwachsensein geglückt, wird bei den meisten tadschikischen Migranten ein weiterer Russlandaufenthalt anvisiert (Rustam; David). Durch die Kontinuität des Migrationsprozesses über eine Generation hinaus ist zirkuläre Migration auch in Tadschikistan, ähnlich wie in anderen Teilen der Welt, zu einer Art „männlicher Lebensweise" geworden (Monsutti 2007: 169; Massey 1993: 453; Olimova und Kuddusov 2007: 5). Zu dieser männlichen Lebensweise wird die zirkuläre Migration nur für diejenigen, die aus kulturspezifischer Perspektive nicht nur erwachsen, sondern „zum Mann" geworden sind (Osella und Osella 2000: 18–19). Erst die Heirat – spätestens nach der ersten Migration – vervollständigt den Männlichkeitsstatus. Da diese den wichtigsten aller Statusübergänge darstellt (Van Gennep 1986: 114–115), setzt sie einen gewissen Grad der Reife voraus, den die Mehrzahl meiner Informanten mit der vorangegangenen Arbeitsmigration bestätigen konnten (Rustam; Dilšod). Die Heirat ist nicht nur ein Zeichen von Männlichkeit, sie ist als Prestigezuwachs (Strasser 2002: 234) auch für die sozio-ökonomische Situation der Eltern bedeutend. Neben der Aufrechterhaltung des Status wird mit der Heirat die Anbindung des Sohnes an die Familie sichergestellt, in der nun seine Ehefrau verbleibt, während er selber erneut aus dem Kontrollbereich der Familie hinausgeht.

Arbeitsmigration für die Familie

Die Arbeitsmigration zielt auf die Verbesserung der Lebensbedingungen. Dieses Motiv kommt in allen Gesprächen zum Ausdruck. Aus der Distanz oder der Perspektive der Zurückbleibenden zwingen die schwierigen Lebensumstände der Familien die jungen Männer in die Migration (*mağbur hastand*). Für die Familien erscheint die Migration demnach als eine „coping strategy" (Clément 2011: 58), mit der sie die Schwierigkeiten auf verschiedenen Ebenen bewältigen. Die jungen

Arbeitsmigranten sind ab einem bestimmten Zeitpunkt – der meiner Untersuchung zufolge individuell variiert – für das gute (*jachši*) Leben der Familie zuständig. Wer in die Migration gehen darf oder muss, hängt von der Position innerhalb der Familie ab (Rahmonova-Schwarz 2012: 151–152), jedoch unterliegt die Entscheidung darüber auch einem individuellen Aushandlungsprozess in der Familie, bei dem sich die Jungen zwar der Entscheidungsmacht der Älteren fügen, jedoch auch eigene Wege finden, um ihren Migrationswunsch durchzusetzen. Häufig dienen die Rücküberweisungen nicht dem Lebenserhalt, sondern werden in Konsumgüter und in die Visualisierung von Prestige oder „ritual economy" (Reeves 2012) investiert. So finanzieren junge Arbeitsmigranten Hochzeitsfeiern, haǧǧ, Beerdigungen und andere Feiern und gegebenenfalls auch die Kredite der Familie, welche einem Hausbau oder der Eröffnung eines Ladens dienten, was einen Rückschluss auf das gegenwärtige Verständnis vom guten (*jachši*) Leben in Tadschikistan erlaubt.

Die Auffassung von dem, was als prestigeträchtig gilt, unterliegt einem stetigen Wandel. Beispielsweise gewinnt eine weiterführende Bildung des Sohnes oder der Tochter in Tadschikistan zusehends an Bedeutung (Anvar). Dies ist eine Entwicklung, die Kasymova (2007) und einige InformantInnen auf das in Moskau erlangte Bewusstsein über die Chancen, die Bildung verschaffen kann, zurückführen (Ravšan; Zühro). Es werden also Aspekte aus der Erfahrungswelt der Migration in die Heimatgesellschaft integriert, aber wie man bei der Betrachtung der gesellschaftlich anerkannten „männlichen Lebensweise" der Arbeitsmigranten sieht, andererseits auch Elemente der „Anti-Struktur" in die gegenwärtige Struktur eingebunden, wodurch die Trennung zwischen Sozialstruktur im Heimatland und „Anti-Struktur" im Ankunftsland aufgeweicht wird; darin kommt Gesellschaft als dynamischer, sich wandelnder Prozess im Sinne von Turner (2000: 193) zum Ausdruck. Die „männliche Lebensweise" wird gewissermaßen zu einer Strukturerweiterung, die nicht nur eine Plattform für das Ausleben und die Demonstration von Männlichkeit schafft, sondern durch die auch die „historische Männerrolle" sowie die gegenwärtige Struktur in Tadschikistan reproduziert werden kann.

In Zeiten sozio-politischer Unsicherheit, das heißt für Tadschikistan insbesondere in den 1990er Jahren, sind neben einer grundsätzlichen Tendenz zur Nuklearfamilie (Kasymova 2007: 166) Großfamilien als Solidaritätsgemeinschaft wieder enger zusammengerückt (Khusenova 2010: 290). Das in den familiären Gemeinschaften (*avlod*) implizierte hierarchische Netzwerk hat eine Revitalisierung erfahren. Die Großgemeinschaften organisieren die Arbeitsmigration und überwachen den Migrationsaufenthalt (Khusenova 2010). Auch wenn in Tadschikistan, so wie auch in anderen Teilen der Welt, die Entscheidung für oder gegen

Migration oft der Familie obliegt (dazu Cohen und Sirkeci 2011: 20ff.), entwickeln junge Männer – Beispiel Aliĝon – auch persönliche Strategien, mit denen sie ihren Migrationswunsch durchsetzen. Damit das Familiensystem erhalten bleiben kann, muss es als Ganzes vital und stabil bleiben; deswegen wird eine Abspaltung des Migranten – aufgrund von individueller Lebensplanung, Beispiel Aleks – mittels Kontrolle und Strafe zu unterbinden versucht. Die Entsendung in die Arbeitsmigration wird aus Familienperspektive auch als „Domestizierung des Sohnes" (Roche 2010: 316) angesehen, da die Älteren hoffen, der generell wahrgenommenen Individualisierung und Wildheit der männlichen Jugend (Stephan 2010: 62; Roche 2010: 320–321) und dem eigenen Autoritätsverlust (Kasymova 2007: 143) durch die „Schule der Arbeitsmigration" (Ferūz) gegenzusteuern.

Kulturspezifische Eigenschaften des Migrationswegs

Die Arbeitsmigration nach Russland mit ihrer sich immerzu wandelnden Dynamik und der in dieser Studie beschriebenen Multifunktionalität erscheint gegenwärtig eingebettet in die „tadschikische Kultur". Entlang ihrer etablierten Bahnen können persönliche Bedürfnisse, die Ansprüche des Kollektivs und auch beides davon im gleichen Vorgang gestillt bzw. befriedigt werden. Die Arbeitsmigration bildet nämlich eine mögliche Brücke über die Kluft, die sich im Zuge der „Krise der traditionellen Männlichkeit" (Kasymova 2007: 7) zwischen den jeweiligen Lebensvorstellungen und Bedürfnissen der jungen und der älteren Generation auftut.

Mit der Lohnarbeit (*pul kor kardan*) in Russland erfüllen die jungen Männer die „historische Rolle des Mannes" (Kasymova-Interview) als Mit- oder alleiniger Versorger der Familie; sie kommen auf diese Weise den Ansprüchen der Zurückbleibenden und Älteren nach. Auf herkömmlichem Wege ist es aufgrund des Mangels an Arbeitsplätzen und wegen der niedrigen Löhne in Tadschikistan schwierig, dieser Rolle gerecht zu werden, wodurch auch junge Arbeitsmigranten auf dem tadschikischen Heiratsmarkt beliebt geworden sind (Rahmonova-Schwarz 2012: 115–116). Überdies eröffnet der Migrationsweg nach Moskau den jungen Männern eine Möglichkeit, sich unabhängig von Ausbildungsgrad und Budget der Eltern individuelle Wünsche zu erfüllen und sich selbst zu verwirklichen. Dazu abschließend eine Bemerkung von Ravšan:

> Migration ist ein Weg, um seine Träume (*orzu*) zu verwirklichen. Wenn [die Migranten] kein Geld haben, wie können sie sich dann entwickeln? Die Männer denken nur ans Geldverdienen, denn mit Geld kannst du in Tadschikistan alles machen. In Entwicklungsländern ist das so, da braucht man Geld. Alle wollen Geld haben und reich sein und suchen nach einem Weg danach (Ravšan).

In den meisten Gesprächen repräsentierten die jungen Männer den Arbeitseinsatz in Russland als einen Ausdruck ihrer „traditionellen" männlichen Pflicht, die mit der Einlösung des Generationenvertrages performiert wird. Die Arbeitsmigration erscheint demnach als eine kulturspezifische Anpassung an die gegebenen Umstände und fügt sich in die lokale Vorstellung von Männlichkeit. Die im Vordergrund stehende Repräsentation der Arbeitsmigration als eine reine Familienangelegenheit verweist darauf, dass den heranwachsenden jungen Männern diese „historische" Männlichkeitsrolle abverlangt wird. In Zeiten sozialer Spannung ist die korrekte Repräsentation der Männlichkeitsrolle – nämlich, „für die Familie" nach Moskau zu gehen, um die Reifung zu beschleunigen – für den Erhalt der Gemeinschaft wichtig. Hinter den Kulissen wird es jedoch möglich, temporär aus der Struktur zu entgleiten und einen anderen sozialen Raum (Moskau) zu erleben. Moskau dient zum einen als Fluchtraum vor der Heirat – es tut sich ein Moratorium für das Ausleben bzw. eine Verlängerung der Jugend auf („mit Freunden spielen") – und zum anderen zur Verwirklichung von individuellen Zielen wie Wünschen nach Eigentum, Selbstverwirklichung und Loslösung von der Familie (Computeranschaffung, Autokauf, Freiheiten, „etwas erleben wollen", eine Freundin u.a.).

Im Migrationsraum kommt es trotz oder gerade wegen der bestehenden Grenzen zu einer Entgrenzungserfahrung, die ihre transformierenden Spuren hinterlässt. Die Migration ist ein Prozess, eine Passage im Leben eines jungen Mannes, die seine Weltsicht und sein Selbstbewusstsein beeinflusst (Zūhro, Ravšan). Aufgrund dieses Wandels durch die Migrationserfahrung wollen oder können manche Menschen, beispielsweise Sitora und Aleks, die für sie vorgesehenen Rollen nicht mehr performieren. In diesen Fällen kommt es zu einem Bruch mit der Gemeinschaft, denn sie haben ihr „Aussteigen" (Turner 2000: 111) zum Normalzustand erklärt. Die Entgrenzungserfahrung auf der einen Seite, und der illegale Status in Russland auf der anderen Seite, der die beschriebene Vulnerabilität am Arbeitsplatz und auf den Straßen Moskaus sowie geringere Löhne verursacht, wirkt der Performation der beschriebenen traditionellen Männlichkeitsrolle entgegen. Auch der häusliche Migrationsalltag, der jungen tadschikischen Männern die Bewältigung von Aufgaben abverlangt, die in Tadschikistan traditionell der Frau zukommen, fordert eine andere Männlichkeit ein, zu der ein flexibler Umgang mit Genderrollen gehört, so wie das auch Monsutti bei afghanischen Migranten beobachtet hat (2007: 184–185). Dies manifestiert sich auch in den Wohnräumen von ArbeitsmigrantInnen: In der tadschikischen Alltagsrealität so wie in den Darstellungen der MigrantInnen über das translokale Leben in Moskau ist die Wohnsituation in außerfamiliären Zusammenhängen gemäß einer strengen Geschlechtertrennung ausgerichtet (Anvar; Nafisa). Im Migrationsraum Moskau scheint diese strikte, die Geschlechterordnung bekräftigende Aufteilung tatsächlich jedoch verschwommener zu sein (Sitora und Aleks).

Trotz oder wegen der „anti-strukturellen" Gegebenheiten in Moskau können der Heimatgemeinschaft durch Rücküberweisungen, rituelle Schenkungen, Ansparungen für die ritual economy, Überwindung der Gefahren in Moskau und eine unversehrte Rückkehr und Eingliederung die Eigenschaften einer „traditionellen Männlichkeit" demonstriert werden. Das sind die Schlüsselereignisse der Migration, die die Reifung des Migranten verdeutlichen und seinen Übergang einleiten. Nach seiner Rückkehr wird ihm Anerkennung entgegengebracht und er wird in die Ressourcenverwaltung involviert. Der Migrant erfüllt die Erwartungen der Zurückbleibenden nicht zuletzt aus eigenen strategischen Überlegungen. Als Anreiz für einen Statuswechsel gilt das Erreichen einer höheren Position in der Familie, die bestimmte Freiheiten wie beispielsweise das Recht impliziert, bei der Geldverteilung mitzuentscheiden – nicht zuletzt gegebenenfalls im Sinne einer folgenden neuerlichen Migration.

8 Literaturverzeichnis

(Anonymus) 2012: Tajikistan: Using Force to Maintain a Standing Army. In: *Eurasianet*, 04.04.2012. Unter: http://www.eurasianet.org/node/65222 [20.11.2012].

Bell, Catherine 2008: Ritualkonstruktion. In: Andréa Belliger und David J. Krieger (Hg.): *Ritualtheorien: Ein einführendes Handbuch*. Wiesbaden: Verlag für Sozialwissenschaften: 8–37.

Belliger, Andréa und David J. Krieger 2008: Einführung. In: dies. (Hg.): *Ritualtheorien: Ein einführendes Handbuch*. Wiesbaden: Verlag für Sozialwissenschaften: 7–36.

Bergesen, Albert 2008: Die rituelle Ordnung. In: Andréa Belliger und David J. Krieger (Hg.): *Ritualtheorien: Ein einführendes Handbuch*. Wiesbaden: Verlag für Sozialwissenschaften: 49–76.

Brettell, Caroline B. 2003: *Anthropology and Migration: Essays on Transnationalism, Ethnicity and Identity*. Walnut Creek, California: Altamira Press.

Brettell, Caroline B. 2008: Theorizing Migration Anthropology. The Social Construction of Networks, Identities, Comunities, and Globalscapes. In: Caroline B. Brettell und James F. Hollifield (Hg.): *Migration Theory. Talking across Disciplines*. New York: Routledge: 97–136.

Clément, Matthieu 2011: Remittances and Household Expenditure Patterns in Tajikistan: A Propensity Score Matching Analysis. In: *Asian Development Review*, 28 (2): 58–87.

Cohen, Jeffrey H. und Sirkeci, Ibrahim 2011: *Cultures of Migration: The Global Nature of Contemporary Mobility*. Austin: University of Texas Press.

Connell, Raewyn 1995: *Masculinities*. Cambridge: Polity Press.

Darieva, Tsypylma 2007: Migrationsforschung in der Ethnologie. In: Brigitta Schmidt-Lauber (Hg.): *Ethnizität und Migration. Einführung in Wissenschaft und Arbeitsfelder*. Berlin: Reimer: 69–94.

De Cordier, Bruno 2011: Tajikistan: the Influence of Migration on Religion. *Religioscope*, 22.08.2012. Unter: http://religion.info/english/articles/article_550.shtml [20.11.2012].

Dorsch, Hauke 2008: Übergangsritus in Übersee? – Zum Aufenthalt mosambikanischer Schüler und Studenten in Kuba. *Afrika Spectrum*, 43(2): 225–244.

Faist, Thomas 1998: Transnational Social Spaces out of International Migration: Evolution, Significance and Future Prospects. *Archives Européennes de Sociologie*, 39(2): 213–247.

Flick, Uwe 2006 [2002]: *Qualitative Sozialforschung. Eine Einführung*. Hamburg: Rowohlt.

Glenn, Rosella 2009: Abandoned Wives of Tajik Labor Migrants. IOM-Study on the Socio-economic Characteristics of Abandoned Wives of Tajik Labor Migrants and Their Survival Capabilities. *Study of the International Organisation of Migration in Dushanbe*.

Grasmuck, Sherri und Patricia R. Pessar 1991: *Between Two Islands: Dominican International Migration*. Berkeley: University of California Press.

Hannerz, Ulf 2003: Being there ... and there ... and there! Reflections on Multi-Site Ethnography. *Ethnography*, 4(2): 201–216.

Harpviken, Kristian Berg 2009: *Social Networks and Migration in Wartime Afghanistan*. Basingstoke: Palgrave Macmillan.

Harris, Colette 2004: *Control and Subversion, Gender Relations in Tajikistan*. London: Pluto Press.

Harris, Colette 2005: Desire versus Horniness. Sexual Relations in the Collectivist Society of Tajikistan. *Social Analysis*, 49(2): 78–95.

https://doi.org/10.1515/9783110668933-008

Harris, Colette 2006: *Muslim Youth. Tensions and Transitions in Tajikistan.* Sussex, Institute of Development Studies: Westview Press.

Hauser-Schäublin, Brigitta 2008: Teilnehmende Beobachtung. In: Bettina Beer (Hg.): *Methoden ethnologischer Feldforschung.* Berlin: Reimer: 37–58.

Helbling, Jürg 2003: Sozialethnologie. In: Bettina Beer und Hans Fischer (Hg.): *Ethnologie. Einführung und Überblick.* Neufassung. Berlin: Reimer: 125–156.

Herbers, Hiltrud 2006: *Landreform und Existenzsicherung in Tadschikistan: Die Handlungsmacht der Akteure im Kontext der postsowjetischen Transformation.* Erlangen: Fränkische Geographische Gesellschaft.

Hohmann, Sophie 2010: Migrations et enjeux socio-économiques et sanitaires de la guerre au Tadjikistan. In: Marlène Laruelle (Hg.): *Dynamiques migratoires et changements sociaux en Asie centrale.* Paris: Petra Éditions: 189–216.

Hollstein, Betina 2005: Reziprozität in familialen Generationenbeziehungen. In: Frank Adloff und Steffen Mau (Hg.): *Vom Geben und Nehmen. Zur Soziologie der Reziprozität.* Reihe „Theorie und Gesellschaft". Frankfurt/M.: Campus: 187–210.

ILO (International Labour Organisation) 2010a: Migrant Remittances to Tajikistan. The Potential for Savings, Economic Investment and Existing Financial Products to Attract Remittances. *International Labour Organisation. Subregional Office for Eastern Europe & Central Asia.* Moscow: ILO

ILO (International Labour Organisation) 2010b: Migration and Development in Tajikistan – Emigration, Return and Diaspora. *International Labour Organization Report.* Moscow: ILO.

Ivakhnyuk, Irina 2009: The Russian Migration Policy and its Impact on Human Development: The Historical Perspective. *Human Development Research Paper* (14).

Jones, Larissa et al. 2007: Migration and Poverty Reduction in Tajikistan. Development Research Centre on Migration, Globalisation and Poverty: Working paper C11. University of Sussex.

Kabeer, Naila (2000): Inter-generational Contracts, Demographic Transitions and the 'Quantity-Quality' Tradeoff: Children, Parents and Investing in the Future. Journal of International Development, 12(4): 463–482.

Kasymova, Sofiya 2007: *Transformacija gendernogo porjadka v Tadžikskom obščestve* [Die Transformation der Genderordung in der tadschikischen Gesellschaft]. Duschanbe: Irfon.

Khusenova, Nafisa 2010: La féminisation des migrations de travail tadjikes en Russie. In: Marlène Laruelle (Hg.): *Dynamiques migratoires et changements sociaux en Asie centrale.* Paris: Petra Éditions: 278–296.

Klute, Georg und Hans Peter Hahn 2007: Cultures of Migration: Introduction. In: dies. (Hg.): *Cultures of Migration–African Perspectives.* Berlin [u.a.]: Lit: 9–27.

Laruelle, Marlène 2007: Central Asian Labor Migrants in Russia: The "Diasporization" of the Central Asian States? *China Eurasia Forum Quarterly. Central Asia – Caucasus Institute & Silk Road Studies Program,* 5(3): 101–119.

Louw, Maria E. 2007: *Everyday Islam in Post-Soviet Central Asia.* London [u.a.]: Routledge.

Lucius-Hoene, Gabriele und Arnulf Deppermann 2004: *Rekonstruktion narrativer Identität: Ein Arbeitsbuch zur Analyse narrativer Interviews.* Wiesbaden: VS-Verlag.

Marcus, George 1995: Ethnography in/of the World System: the Emergence of Multi-sited Ethnography. *Annual Review of Anthropology,* 24: 95–117.

Massey, Douglas S. 1993: Theories of International Migration: A Review and Appraisal. *Population and Development Review,* 19(39): 431–466.

Massot, Sophie 2010: Les migrations ouzbèkes vers Moscou, Séoul et New York: sacrifice ou rite de passage ? In: Marlène Laruelle (Hg.): *Dynamiques migratoires et changements sociaux en Asie centrale.* Paris: Petra Éditions: 169–188.

Mauss, Marcel 1994: *Die Gabe: Form und Funktion des Austauschs in archaischen Gesellschaften.* Frankfurt/M: Suhrkamp.

Mayring, Philipp 2002: *Einführung in die qualitative Sozialforschung: Eine Anleitung zu qualitativem Denken.* Basel: Beltz.

Mayring, Philipp 2003: *Qualitative Inhaltsanalyse: Grundlagen und Techniken.* Basel: Beltz.

Monsutti, Alessandro 2007: Migration as a Rite of Passage: Young Afghans Building Masculinity and Adulthood in Iran. *Iranian Studies,* 40(2): 167–185.

Mughal, Abdul-Ghaffar 2007: Migration, Remittances, and Living Standards in Tajikistan. A Report Based on Khatlon Remittances, and Living Standards Measurement Survey (KLSS2005): *International Organisation for Migration.* Duschanbe.

Najibullah, Farangis 2007: Tajikistan: Temptation is Strong for Young Men to Ignore Military Call-up. In: *Radio Free Europe/Radio Liberty,* 03.10.2007 (RFE/RL).

Olimova, Saodat und Igor I. Bosk 2003: Trudovaja Migracija iz Tadžikistana [Arbeitsmigration aus Tadschikistan]. *MOM [International Organization for Migration (IOM)].* Duschanbe.

Olimova, Saodat und Jamshed Kuddusov 2007: Families of Migrants in Tajikistan: Problems and Ways of their Solution. *International Organisation for Migration* in cooperation with *Sharq Scientific Research Center.* Duschanbe. Irfon.

Olimova, Saodat (2009): Tadžikistan: ot vynuždennoj k trudovoj migracii [Tadschikistan: von der Zwangs- zur Arbeitsmigration]. In: Žanna Zajončkovskaja und Galina Vitkovskaja (Hg.): *Postsovetskie transformacii: otraženie v migracijach [die postsowjetische Transformation und ihr Ausdruck in Migrationsprozessen].* Moskau: Adamant.

Osella, Caroline und Filippo Osella (2000): Migration, Money and Masculinity in Kerala. *The Journal of the Royal Anthropological Institute,* 6(1): 117–133.

Peyrouse, Sébastien 2007: Rückkehr und Aufbruch, Zentralasiatische Migrationsströme. *Osteuropa,* 8–9: 245–255.

Rahmonova-Schwarz, Delia 2006: Ziel Russland: Reform und Realität der Migrationspolitik. In: *OSZE-Jahrbuch 2006:* 315–326.

Rahmonova-Schwarz, Delia 2010: Migrations during the Soviet Period and in the Early Years of USSR's Dissolution: A Focus on Central Asia. *Revue européenne des migrations internationales,* 26(3): 9–30.

Rahmonova-Schwarz, Delia 2012: *Family and Transnational Mobility in Post-Soviet Central Asia. Labor Migration from Kyrgyzstan, Tajikistan and Uzbekistan to Russia.* Hamburg: Nomos.

Reeves, Madeleine 2010: Migrations, masculinité et transformations de l'espace social dans la vallée de Sokh. In: Marlène Laruelle (Hg.): *Dynamiques migratoires et changements sociétaux en Asie centrale.* Paris: Éditions Petra: 131–147.

Reeves, Madeleine 2011: "Nelegaly": Work and Whelter in Migrant Moscow. In: *OpenDemocracy,* 26.04.2011. Unter: http://www.opendemocracy.net/od-russia/madeleine-reeves/%E2%80%9C nelegaly%E2%80%9D-work-and-shelter-in-migrant-moscow [20.11.2012].

Reeves, Madeleine 2012: Black Work, Green Money: Remittances, Ritual, and Domestic Economies in Southern Kyrgyzstan. *Slavic Review,* 71(1): 108–134.

Roche, Sophie 2010: *Domesticating Youth. The Youth Bulge in Post Civil War Tajikistan.* Dissertation. Martin Luther University Halle-Wittenberg.

Schlehe, Judith 2003: Formen qualitativer ethnografischer Interviews. In: Bettina Beer (Hg.): *Methoden und Techniken der Feldforschung*. Berlin: Reimer: 71–94.

Stephan, Manja 2010: *Das Bedürfnis nach Ausgewogenheit. Moralerziehung, Islam und Muslimsein in Tadschikistan zwischen Säkularisierung und religiöser Rückbesinnung*. Dissertation. Martin-Luther-Universität Halle-Wittenberg. Würzburg: Ergon.

Strasser, Elisabeth 2009: Was ist Migration? Zentrale Begriffe und Typologien. In: Maria Six-Hohenbalken und Jelena Tošić (Hg.): *Anthropologie der Migration. Theoretische Grundlagen und interdisziplinäre Aspekte*. Wien: Facultas: 15–28.

Straube, Hanne 2002: *Reifung und Reife: Eine ethnologische Forschung zu einem sunnitischen Dorf der Westtürkei*. Berlin: Reimer.

Temkina, Anna 2005: Gendernyj porjadok: postsovetskie transformacii (severnyj Tadžikistan) [Die Genderordnung: Postsowjetische Transformationen (Nord-Tadschikistan)]. In: Sofiya Kasymova (Hg.): *Gender: tradicija i sovremennost' [Gender: Tradition und Moderne]*. Duschanbe: Irfon: 6–91.

Thorsen, Dorte 2007: Junior-Senior Linkages. Youngsters' Perceptions of Migration in Rural Burkina Faso. In: Hans P. Hahn und Georg Klute (Hg.): *Cultures of Migration–African Perspectives*. Berlin: Lit: 175–199.

Treibel, Annette 2008: *Migration in modernen Gesellschaften. Soziale Folgen von Einwanderung, Gastarbeit und Flucht*. Weinheim/München: Juventa.

Turner, Victor 1974: *Dramas, Fields, and Metaphors: Symbolic Action in Human Society*. Ithaca und London: Cornell University Press.

Turner, Victor 2000: *Das Ritual. Struktur und Anti-Struktur*. Frankfurt [u.a.]: Campus.

Umarov, Khojamuhammad 2010: Research Report. Tajik Labour Migration During the Global Economic Crisis: Causes and Consequences. *International Organisation for Migration*. Duschanbe.

Van Gennep, Arnold 1986: *Übergangsriten*. Frankfurt/M [u.a.]: Campus.

Werbner, Pnina 1990: The Migration Process: Capital, Gifts, and Offerings among British Pakistanis. New York; Oxford; München: Berg.

Werbner, Pnina 2003: *Pilgrims of Love. The Anthropology of a Global Sufi Cult*. London: Hurst & Co.

World Bank 2011: Migration and Remittances Factbook 2010. *World Bank*. Washington, D.C.

Zagarodnov, Artem 2011: A Force to Be Reckoned With. *The Washington Post, Russia Now*, 04.03.2011. http://russianow.washingtonpost.com/2011/03/a-force-to-be-reckoned-with.php [20.11.2012].

Zaurbekov, Selin 2007: Nekotorye osobennosti tadžikskoj trudovoj migracii v Rossiju [Einige Besonderheiten der tadschikischen Arbeitsmigration nach Russland]. In: *Novosti iz Central'noj Azii [Nachrichten aus Zentralasien]*. http://www.ferghana.ru/article.php?id=4928 [20.11.2012].

Zimmermann, Peter 2006: *Grundwissen Sozialisation: Einführung zur Sozialisation im Kindes- und Jugendalter*. 3., überarb. u. erw. Aufl. Wiesbaden: Verlag für Sozialwissenschaften.

Zmiejewski, Weronika 2009: *Die Auswirkungen der transnationalen Arbeitsmigration der Männer auf die in Tadschikistan verbleibenden Frauen*. Unveröff. Bachelorarbeit, Albert-Ludwigs-Universität Freiburg, Institut für Volkskunde.

Anhang: InformantInnen

Aleks ist 27 Jahre alt und kommt aus Navoiy/Usbekistan. Er ist seit sieben Jahren Arbeitsmigrant in Moskau. Er ist der Ehemann von Sitora.

Aligon ist 22 Jahre alt und kommt aus einem Dorf in der Nähe von Kulob. Er ist der jüngste Bruder von Zühro und seit sechs Jahren Arbeitsmigrant in Moskau. Zum Zeitpunkt des Interviews war er verlobt.

Anora ist 24 Jahre alt und kommt aus Duschanbe. Ihre Brüder sind Arbeitsmigranten in Moskau.

Anvar ist 24 Jahre alt und kommt aus Proletarsk, einem Dorf bei Chudschand. Er war Arbeitsmigrant in Moskau. Das Interview wurde ein Jahr nach seiner Rückkehr aus der Migration in Chudschand durchgeführt. Zum Zeitpunkt des Interviews war er unverheiratet.

Azim ist 30 Jahre alt und kommt aus Kulob. Er ist der Ehemann von Aligons und Zühros Schwester. Er hat ein Jahr als Arbeitsmigrant in Moskau gearbeitet.

Barno kommt aus dem Pamirgebirge. Sie ist Mitarbeiterin einer in Moskau ansässigen Organisation für zentralasiatische MigrantInnen. Die Interviews mit ihr fanden in Moskau statt.

David ist 35 Jahre alt und kommt aus einem Dorf bei Kulob. Er ist ein Cousin von Aligon und Parviz. David ist seit fünfzehn Jahren Arbeitsmigrant in Russland. Zum Zeitpunkt des Interviews war er unverheiratet.

Dilšod ist 27 Jahre alt und kommt aus Takely, einem Dorf in der Nähe der usbekischen Grenze. Er stammt aus einer usbekisch-sprechenden Familie. Seit drei Jahren ist er Arbeitsmigrant in Moskau. Zum Zeitpunkt des Interviews war er unverheiratet.

Ferūz ist 25 Jahre alt und kommt aus Duschanbe. Er studiert Jura und arbeitet seit zwei Jahren in Moskau. Seit einem Jahr arbeitet er in einer Stiftung als Jurist. Zum Zeitpunkt des Interviews war er unverheiratet.

Firūza ist 22 Jahre alt und kommt aus Šahrinav. Sie lebt in Tadschikistan. Ihre beiden älteren Brüder arbeiten saisonweise als Handwerker in Moskau. Das Interview fand in Šahrinav statt.

Goča ist Anfang 30 und kommt aus Georgien. Er arbeitet als „Brigadier" (Gruppenführer) auf verschiedenen Baustellen in Moskau. Er lebt seit zehn Jahren in Moskau.

Kasymova, Sofiya ist Soziologin aus Duschanbe. Sie untersucht Genderverhältnisse insbesondere im postsozialistischen Tadschikistan. Das Interview fand in Duschanbe statt.

Manučehr ist 17 Jahre alt und kommt aus Duschanbe. Er ist der Neffe von Sitora. Zum Zeitpunkt des Interviews war er seit einer Woche in Moskau. Zum Zeitpunkt des Interviews war er unverheiratet.

Maorifat ist 22 Jahre alt und kommt aus Quruqsoj einem Dorf im Nordosten Tadschikistans. Er ist seit einem Jahr Arbeitsmigrant in Russland. Zum Zeitpunkt des Interviews war er verlobt.

Maqsad ist 24 Jahre alt und kommt aus Bischkek. Er ist der Verlobte von Saodat. Er ist seit sechs Jahren Arbeitsmigrant in Moskau.

Mavzuna ist 22 Jahre alt und kommt aus Duschanbe. Sie arbeitet in einer Beratungsstelle für ArbeitsmigrantInnen. Sie lebt seit acht Jahren in Moskau und ist unverheiratet.

Nafisa ist 25 Jahre alt. Sie lebt in Duschanbe. Ihr Ehemann arbeitet seit drei Jahren in Moskau. Sie hat eine Tochter und lebt bei den Eltern ihres Ehemannes.

Nekrūz ist 26 Jahre alt und kommt aus einem Dorf bei Isfara. Er ist verheiratet und hat zwei Kinder. Seit vier Jahren arbeitet er in Moskau.

https://doi.org/10.1515/9783110668933-009

Parviz ist 23 Jahre alt und kommt aus einem Dorf bei Kulob. Er ist ein Cousin von Aliğon und David. Er ist seit vier Jahren Arbeitsmigrant in Moskau. Zum Zeitpunkt des Interviews war er unverheiratet.

Ravšan ist 25 Jahre alt kommt aus Konsoy, einem Dorf bei Chudschand. Er arbeitet und studiert in Chudschand. Er hat keine Migrationserfahrung. Zum Zeitpunkt des Interviews war er unverheiratet.

Rustam ist 35 Jahre alt und kommt aus Duschanbe. Er ist ehemaliger Arbeitsmigrant. Das Interview wurde zwei Jahre nach seiner Rückkehr aus Russland durchgeführt.

Saodat ist 17 Jahre alt und kommt aus Osch. Sie ist die Verlobte von Maqsad. Sie arbeitet seit zwei Jahren in Moskau.

Šarif ist 24 Jahre alt und kommt aus Chudschand. Er arbeitet und studiert seit drei Jahren in Moskau. Er ist unverheiratet.

Sitora ist 27 Jahre alt und kommt aus Duschanbe. Sie ist die Ehefrau von Aleks und Tante von Manučehr. Sie hat eine Tochter aus erster Ehe und war zum Zeitpunkt der Interviews schwanger. Sie ist seit fünf Jahren Arbeitsmigrantin in Moskau.

Tachmina ist 30 Jahre alt, kommt aus Duschanbe und war ein Jahr gemeinsam mit ihrem Ehemann in Moskau. Dieser wurde vor drei Jahren in Russland ermordet. Sie ist Mutter eines Kindes.

Zühro ist 25 Jahre alt und kommt aus einem Dorf in der Nähe von Kulob. Sie ist ehemalige Arbeitsmigrantin und arbeitet an einer Schule in Kulob. Sie ist die ältere Schwester von Aliğon.

www.ingramcontent.com/pod-product-compliance
Lightning Source LLC
Chambersburg PA
CBHW030336270326
41926CB00010B/1645